大日月地神示【後巻】

神人

野草社

大日月地神示　後巻

もくじ

大日月地神示（おおひつくしんじ）

一　16
二　19
三　22
四　26
五　32
六　38
七　43
八　47
九　52
十　56
十一　61
十二　67
十三　71
十四　76
十五　84
十六　88
十七　91
十八　97

十九 104
二十 112
二十一 117
二十二 124
二十三 135
二十四 139
二十五 142
二十六 150
二十七 153
二十八 162
二十九 165
三十 170
三十一 174
三十二 176
三十三 181
三十四 186
三十五 189
三十六 193
三十七 198
三十八 201
三十九 206

四十 212
四十一 220
四十二 224
四十三 227
四十四 231
四十五 235
四十六 238
四十七 242
四十八 246
四十九 249
五十 255
五十一 259
五十二 262
五十三 268
五十四 271
五十五 275
五十六 279
五十七 282
五十八 288
五十九 291
六十 296

六十一　300
六十二　304
六十三　307
六十四　310
六十五　313
六十六　316
六十七　319
六十八　324
六十九　327
七十　331
七十一　335
七十二　338
あとがき　344

前巻目次

日月地神示（ひつきちしんじ）

はじめに 12
「あ」の巻 26
「い」の巻 29
「う」の巻 33
「え」の巻 34
「お」の巻 38
「か」の巻 45
「き」の巻 52
「く」の巻 55
「け」の巻 64
「こ」の巻 69
「さ」の巻 77
「し」の巻 84
「す」の巻 90
「せ」の巻 94
「そ」の巻 99
「た」の巻 104
「ち」の巻 108
「つ」の巻 111
「て」の巻 118
「と」の巻 123
「な」の巻 128

「に」の巻 132
「ぬ」の巻 136
「ね」の巻 141
「の」の巻 145
「は」の巻 150
「ひ」の巻 154
「ふ」の巻 157
「へ」の巻 162
「ほ」の巻 166
「ま」の巻 170
「み」の巻 176
「む」の巻 182
「め」の巻 187
「も」の巻 191
「や」の巻 198
「ゆ」の巻 204
「よ」の巻 209
「ら」の巻 218
「り」の巻 221
「る」の巻 225
「れ」の巻 228
「ろ」の巻 234
「わ」の巻 238
「ん」の巻 243

ブックデザイン――堀渕伸治◎tee graphics

大日月地神示

【後巻】

大日月地神示

（おおひつくしんじ）

自二〇一四年十月二十二日

至二〇一七年十二月二十七日

一

苦しむは苦しむだけの必要あってのこと。みな必要あるゆえ与《あた》えられているぞ。言葉気をつけよ。言《こと》、もの生む元《もと》。因縁相応《いんねんそうおう》起きると申しておろう。己《おのれ》は何もしておらぬと申して、神を悪者にいたし守護霊《しゅごれい》無きものとしておるが、過去《かこ》の生にいたしてきたこと因果《いんが》たんまりあるから、御魂《みたま》相応に掃除洗濯《そうじせんたく》させておるのじゃぞ。苦しんで学ばせて御魂《みたま》相応の役与えて、うれしたのしじゃなー。

人民、損得《そんとく》ばかりに囚《とら》われて真《まこと》見えぬから、魔物《まもの》の甘《あま》い言葉、ワヤに掛《か》けられやすいなー。己死んでも次の生あるのぞ。いかに生きるか、そのまま次の生に繋《つな》がるのぞ。真《まこと》の仕組み分からねば、己ばかりで他《た》苦しめるぞ。他苦しめれば、それなりの因縁、次の生に来るぞ。我《わ》がまま放題好き放題、いずれ泣いて詫《わ》び続けねばならぬから、何度も申しておるのぞ。改心改心、改心一等じゃな。暫《しばら》く神人遣《かみひとつか》いてもの申すから、縁《えん》ある者ふるいに掛けて練《ね》り上げて、真《まこと》説いて聞かすから、しかと腹《はら》に入れなされよ。

嘘《うそ》つくなよ。思い込《こ》み取り違《ちが》い、一番怖《こわ》いぞ。相手思うは、己押しつけることではないぞ。相手大事に思うことぞ。己、真《まこと》と思うておること、思わされていること多いぞ。魔物、姿形《すがたかたち》まねて、それらしきこといくらでも申すぞ。じゃが己の損得勘定《そんとくかんじょう》で、善《ぜん》の仮面被《かめんかぶ》りて操《あやつ》り放題もいたすぞ。世に出ておるお偉《えら》いさん、九割方《きゅうわりがた》操られておるぞ。人民操るは簡単《かんたん》簡単。魔物好き放題の世でありたのじゃからな。まだまだ分からんで偉そうにいたしておるが、これからひっくり返るぞ。

怒《いか》りが悪《あく》ではないぞ。神も怒るぞ。じゃが、人民申す怒りではないぞ。人民思うがゆえに怒るのぞ。顕《あらわ》れぞ。事相応に顕れておるのじゃぞ。鏡《かがみ》となるのぞ。己の腹にあるから怒りとして顕れて見せるのじゃぞ。

過去の生、分からずともよいぞ。分からぬようにいたしておるのじゃから知らんで良いぞ。分からぬようにさせておるは人民可愛《かわい》いからぞ。やり直しやすいからぞ。皆々《みなみな》大なり小なり間違《まちが》い取り違いいたして、因縁背負《いんねんせお》っておるのじゃから、過去の生えぐって過去に生きて下さるなよ。今これからに意識《いしき》を向けて歩まれなされよ。過去に囚《とら》われなさるなよ。

騙《だま》されんよう歩きなされ。それらしき言《こと》申して、騙して金抜《かねぬ》きに来る者多いぞ。骨抜《ほね》きにされんように気をつけなされよ。真見抜《まことみぬ》く目、養《やしな》いなされよ。己《おのれ》特別と思い込む者、魔物すーっと入《はい》り込み、操りやすいなー。皆々特別ぞ。元から特別なのぞ。ゆえにみな違うであろう。皆々可愛《かわい》いのぞ。皆々大切なのぞ。神はすべて見ておるのじゃから安心なされよ。神の中に皆おるのじゃぞ。怖《こわ》くて嬉《うれ》しい御魂《みたま》の仕組み。

二〇一四年十月二十二日　ウの神　神人遣《かみひとつか》いて申す。

二

魔物《まもの》に使われておると、この筆腹立《ふではらだ》たしくて読めんのぞ。すべて見透《みす》かされ真申《まことさ》されるゆえに腹立つのぞ。魔物、善《ぜん》の仮面被《かめんかぶ》りて上手《うま》く化《ば》けているつもりでおるが、真《まこと》見抜《みぬ》ける者、騙《だま》せんのぞ。魔物も皆々《みなみな》改心させて次の世に使うゆえ、これからますます厳《きび》しくいたして参るぞ。靈人殿《れいじんどの》も皆々変わるのであるから、神《かみ》、仏《ほとけ》と申して偉《えら》そうに出来ぬから、覚悟《かくご》いたせ。この地《ち》の靈団《れいだん》すべて掃除洗濯《そうじせんたく》始まっておるのであるから、人民、いよいよ世の中ひっくり返りてゆくぞ。天変地変《てんぺんちへん》ではないのぞ。天変地変でも見せるのぞ。人民、靈人、魔物も皆々真《まこと》を教えて、世の立て直しいたすのであるのぞ。縁《えん》ある者世に出て皆々役させておるから、神の仕組みに間違《まちが》いは無いのであるぞ。

腹立ったらそれだけ己《おのれ》魔物に使われておるものと思いなされよ。魔物にワヤにされ、僕《しもべ》と成り下がっておいでじゃから申すぞ。筆《ふで》読んで嬉《うれ》しくなる者、どこまでも頭下げて役に励《はげ》んで下されよ。皆々御魂相応《みたまそうおう》に顕《あらわ》れるぞ。嘘《うそ》はつけぬのぞ。

神人《かみひと》、過去《かこ》の世から皆に伝える役、因縁御魂《いんねんみたま》。魔物にもモノ言える御魂《みたま》ぞ。魔物皆々言うこと聞くぞ。魔物の言うこと聞いてやれるから、魔物も言うこと聞くのであるぞ。人民、取り違《ちが》いいたすなよ。今の世は善の仮面被《かぶ》りた魔物の世であるから、見せかけだけの偽《いつわ》りの世であるから、先がないからみな苦しんでおるのじゃぞ。◎《まこと》神の世に変えるから、みな腹括《くく》りなされ。この国から顕すのであるから、この国の者まず改心いたして、獣《けもの》、虫けら、草木に詫《わ》びねばならんぞ。生かして下されとお土に手つけねばならぬぞ。お水に頭つけねばならぬぞ。良いな。

知識《ちしき》ばかりで改心出来ぬ者多いな。人民の知識、狭《せま》いのぞ。素直《すなお》に頭下げなされよ。これで良いという所ないぞ。どこまでもどこまでも頭下げて、素直に参れ。下げれば下げるほど、持ちきれんほどの喜び与《あた》えて参るぞ。頭下げ続けた者にしか分からぬ持ちきれんほどの喜び与えるから、神、祀《まつ》ろうて下されよ。足元におるのじゃぞ。そなたの足元におるぞ。すべてに顕れても在《あ》るのじゃぞ。真《まこと》分かりて下されよ。

二〇一四年十月二十二日　ウの神　神人《かみひと》遣《つか》いて申す。

三

偶像崇拝《ぐうぞうすうはい》の世は終わっているのじゃぞ。過去《かこ》の産物を見ているに過《す》ぎんのじゃ。民《たみ》は真理《しんり》求めて生きておるのじゃから、いつまでも過去に生きた人拝《おが》んでおるでないぞ。方便の世はもう終わっているのじゃぞ。何々様方はとうに何度も生まれ変わりて、貴《とうと》きお働きなされておるから、嘘《うそ》申して金儲《かねもう》け人儲けならんぞ。因縁積《いんねんづ》みいたしておるのじゃぞ。お偉《えら》いさん方、まだ気づかんか。

善《ぜん》の仮面被《かめんかぶ》った悪《あく》、言葉ばかりは良きこと申すが、人のためと申して己《おのれ》の損得《そんとく》ばかり考えておる魔物《まもの》、住みついておるぞ。笑っておるが、腹《はら》は怒《いか》り妬《ねた》み僻《ひが》みで充《み》ちておるぞ。友と申して擦《す》り寄《よ》りて、己の企《くわだ》ていたしている者多いぞ。腹からの改心、根本からの改心がいるのであるぞ。自由じゃ、在《あ》るがままじゃと、魔物はもっともらしいこと申して操《あやつ》り、人民ワヤにいたすが、真《まこと》一つで皆《みな》ひっくり返すぞ。皆々《みなみな》頭下げて詫《わ》びねばならん時来るぞ。この世は写《うつ》し鏡《かがみ》じゃなあ。心、顕《あらわ》れるなあ。この世、変わりておるのぞ。人の心のままに顕れてもおるぞ。

地《ち》、拝《おが》んで下されよ。足元大切じゃ。真《まこと》、拝んで下されよ。生かして下さる根本を知りなされ。身体《からだ》、拝んで下されよ。借りておるのじゃからな。大宇宙《おおかみ》、拝んで下されよ。すべて親神《おやがみ》の中に在《あ》るのじゃぞ。皆々己ぞ。喜びぞ。与《あた》えられておるのじゃぞ。

死んで極楽《ごくらく》にゆく教え、真《まこと》の教えではないのじゃぞ。人集め金《かね》集めに作られた教えであるぞ。この世、極楽に変えてゆく教え、生き方いたすが真《まこと》であるぞ。救われたいと申す者は、己の心に大事に話しかけてみよ。己の心に何度も詫《わ》びてみなされ。己の心改めねば、先には進めんのぞ。神《かみ》、仏《ほとけ》、天使様《てんしさま》の御声《みこえ》と申して、九分九厘《くぶくりん》は皆々企ていたす人の靈《れい》ぞ。獣《けもの》らの声、他《た》の星の方々、いずれも満《み》たされておらぬ我良《われよ》しの靈であるから、見えた聞こえたまま申すことが真《まこと》ではないのぞ。

審神《さにわ》出来る者、少ないのう。何度も審神《さにわ》なされよ。特別になりたいと申すゆえに、良いように操《あやつ》られるのじゃ。誰《だれ》でも分かるようになると申して、金儲《かねもう》け人儲けいたす者多いぞ。分からん者は分からんのであるぞ。分からんので良いのであるぞ。与えられてあるものありがたく思える者になるが真《まこと》の道ぞ。うれしたのし生き方ぞ。無いもの欲《ほ》しがれば魔物に遊ばれ、ワヤに掛《か》けられるぞ。認《みと》めて下され愛して下されと、自《じ》己顕示欲《こけんじよく》じゃなあ。皆々変わる。良きように変わる。因縁相応《いんねんそうおう》に変わるのじゃ。

うれしうれしたのしたのし、みなみなかわるかわる、ありがたやありがたや。今を足場に喜びへと向かわれなされ。与えられるもの、感謝《かんしゃ》感謝感謝なされ。どこまでも感謝いたして、頭下げて歩いてゆきなされ。これで良いという所はないぞ。頭下げれば下げるほど、嬉《うれ》しくなる仕組みじゃ。ありがたくてありがたくて涙《なみだ》流れる真《まこと》の仕組みじゃ。真《まこと》の極楽《ごくらく》に生きる生き方、感謝いたし頭下げ続け、喜び涙いたす道ぞ。生かされている己《おのれ》、生かして下さっておる他一切《たいっさい》を拝んで生きなされ。

うれしうれしたのしたのし生きる生きる。

あーわーやーらーわー
うーるーうーるーうー
おーおーおー

二〇一四年十二月十日　神人《かみひと》遣《つか》いて真申《まこと》す。縁《えん》ある者、世に伝えて下されよ。ウの大神、お願い申すぞ。

四

己《おのれ》、善《ぜん》と見るなよ。善に成りすましておいでじゃ。己、悪《あく》と思うなよ。善にも成ってきておるのぞ。皆々《みなみな》改心、結構《けっこう》結構じゃなあ。お助け下さいと、真腹《まことはら》から詫《わ》び申せば、それなりに変えてやれるぞ。人民、上面《うわつら》ばかりで見ておるから、まんまと魔物《まもの》に騙《だま》されておるのぞ。烏合《うごう》の衆《しゅう》となってくれるなよ。悪、口上手《うま》いぞ。魅了《みりょう》いたす言葉使う、賢《かしこ》い魔物もおるぞ。良薬《りょうやく》は昔から苦《にが》いのぞ。皆《みな》で毒だと申せば毒に変わってしまうのであるぞ。似《に》た者は集まって来るのぞ。似た者が集まりて似た言《こと》申して、互《たが》いに善に成りすまして、腹は不安でおるぞ。己を善と思い込《こ》んで、悪を作り出しておるぞ。悪を仕立て上げ、皆で悪を責《せ》めて、悪の衆《しゅう》と化しておるぞ。みな己善と思い込んで悪生み出す、善の仮面《かめん》を被《かぶ》った悪となっておいでじゃ。そなた、まだ分からんか。

己善と申して金《かね》集め人集めばかりに苦労いたし、小さな力みなに見せつけようと企《くわだ》てておるが、腹は己のための善であるから、悪産《う》むそなたはやはり見せかけだけの善であるのぞ。皆々いずればれますぞ。追々《おいおい》みなに嫌《きら》われるのであるぞ。皆に嫌われるのは因果《いんが》じゃなあ。怖《こわ》いか。それがそなたの弱みであり因果であるのぞ。御魂相応《みたまそうおう》にありがたい因果味わえよ。しかと喜びに変わるまで、因果を味わって下されよ。変われるのじゃぞ。変われる時、頂《いただ》けるのじゃぞ。嬉《うれ》しくなるのじゃぞ。真《まこと》の喜び知るに至《いた》るぞ。世のため人のためじゃと申しておるが、人の不和見て世の不和見て、腹は楽しんでおいでじゃなあ。地震《じしん》は来《こ》ぬのか。噴火《ふんか》は起きぬか。天罰《てんばつ》は起こさんのか。腹で申して、大難小難《だいなんしょうなん》にと願う振《ふ》り、見せかけ多いなあ。人民、悪に魅入《みい》られてまんまと使われておること、まだ気づかぬか。

魔物は不和好むのじゃ。皆を苦しめ不安にさせるが喜びであるのじゃぞ。魔物好き放題いたし、人民の心我《わ》が物にいたして喜んでおるなれど、みな神はお見透《みとお》しじゃから、靈団《れいだん》皆々遣《つこ》うていずれすべて片づく仕組みなれど、人民知らぬとあまりに可哀想《かわいそう》じゃから、知らしてやりたいから申して来てはおるなれど、魔物に巣食《すく》われておると思いも操《あやつ》られ、真《まこと》の言葉も分からんようにさえされてしまっておるから、助けてやりたいのじゃぞ。魔物らは皆に分からんようにいたしておるつもりでおるなれど、皆々よく分かっておるから、策《さく》は出来ておるから、人民安心いたして良いのであるなれど、人民心顧《こころかえり》みねば苦しみは続く仕組みでもあるから申すのぞ。

今の思いは、真《まこと》そなたの思いであるかな。感情《かんじょう》すべて、己《おのれ》の思いそのままであるかな。一が十《じゅう》にされておらぬか。三が八にされておらぬか。十《じゅう》が一にも三にもさせられたりもするのぞ。己は大丈夫《だいじょうぶ》だ、善《ぜん》なるゆえ大丈夫だ、と思っている者、既《すで》に魔物に魅入《みい》られ操られておりますぞ。善の悪となっておりますのぞ。魔物は騙《だま》すのが得意《とくい》であるから、魔物同士が騙し合い競《きそ》い合いいたし、見て楽しんでおるのぞ。何より不和好むのぞ。皆々可愛《かわ》い可愛《かわ》い子じゃ。神の目には善も悪もないなれど、人民の目からは善か悪か分けて考えねば分からんようにされてしまっておるから、分からんのも無理ないなれど、皆々働きの違《ちが》いがあるのみであるのぞ。悪は悪の働きあるぞ。善は善の働きあるぞ。悪の善、悪の悪、善の悪、善の善あるぞ。それぞれにみな改心させて練《ね》り上げて、皆で変わりながら進む世の元《もと》からの仕組みであるから、真《まこと》分かる者は分からぬ者に教えてやれよ。分かるように教えれば分かるようになるのじゃから、独《ひと》りよがりならんぞ。寂《さび》しくなるぞ。

真喜《まこと》びにならんのは真《まこと》の道ではないのじゃぞ。共に分かりおうて共に進むから、真《まこと》うれしたのしじゃなあ。分からん者は分かるだけの学びが成されておらなかったから分からんのであるから、分かる者から素直《すなお》に学びなされ。頭下げて頂きなされ。分かっておる者は必要あって先に分かるようにいたしてもらっていただけなのじゃから、分からん者に分かるように優《やさ》しく教えてやりなされよ。みな時間は掛《か》かれど分かるように変われるのであるから、付きおうてやりなされ。変わるまで辛抱《しんぼう》するも大事な学びであるのぞ。すべて皆そなたの因果《いんが》でもあるのぞ。皆々順あるのぞ。そなたも分からん時分《ときぶん》があったであろうに。初心忘《わす》れてならんぞ。時折思い出させて、慢心《まんしん》させんよう改心させてもおるのじゃぞ。

神は足元にあるのじゃぞ。己《おのれ》の腹《はら》にあるのじゃ。神から逃《のが》れられんのぞ。神の中に皆々生きておるのじゃから、皆々お見透《みとお》しであるぞ。そなた人に良く思われたいか。嫌《きら》われるのが怖《こわ》いか。失うのがそんなに嫌《いや》か。皆に愛されたいが愛されぬゆえに妬《ねた》ましいか。腹立《はらだ》たしいのか。ゆえに善の悪となりておること、まだ受け入れられんのか。偽《いつわ》りの善となっておること気づけんのは、己の嫌らしさ見たくないゆえでないか。それがそなたの真《まこと》の姿《すがた》であること見られたくないから、外に悪《あく》作って戦っておるのではないのか。堂々巡《めぐ》りいたしておるのじゃぞ。それがそなたの弱みであるから、魔物巣作りて好き勝手に弄《もてあそ》んでは面白《おもしろ》がりて、人と人を戦わして、見物喜んでおるわいな。

魔物好き勝手ならんから魔物の世終わりなれど、皆々別の星へ連れてゆき、魔物も皆々救う仕組みじゃから、順番待っておれよ。次はお前さんの番じゃから待っておれ。好き放題ならんぞ。堪忍《かんにん》いたせよ。この地は魔物住めぬ地となったから、魔物皆々お引《ひ》っ越《こ》しじゃ。時来《きた》りてお引っ越し、うれしたのしじゃなあ。魔物の数多いゆえ、変わりたい者から順に良きよういたしてやるから、怖がらずとも良いから、我《われ》らの所へおいで下されよ。改心いたしますから助けて下さいと、腹から頭下げて来いよ。口先だけではならん改心でねばならんぞ。皆々救うぞ。皆々変われるのぞ。

二〇一五年四月十四日　神人《かみひと》共にうれしたのし変わる。うるうるうーおろおろおーあらわらわー。う

五

身《み》から出た錆《さび》、落として頂《いただ》いたのぞ。笑いに変わる時、来たのぞ。苦しみもがき相手悪く申していたなれど、己《おのれ》悪く申して来たのぞ。相手に詫《わ》びなされよ。己に詫びなされよ。皆々因果《みなみないんが》じゃなあ。これまですべて、己変わるために与《あた》えられた道であったぞ。己が選んだのであるから、他《た》を悪く申すでないぞ。他はお付き合いじゃ。皆々そなた学び変わるためにお付き合いして下さっていたのであるから、感謝《かんしゃ》せねばならんのであるぞ。これまで悪く申していたこと、詫びなされ。頭下げて、まこと詫びなされ。感謝なされ。まこと腹《はら》から感謝なされよ。そうすれば次に進むぞ。

苦《く》あれば楽《らく》来るのであるぞ。守護靈《しゅごれい》様方、指導靈《しどうれい》様方、皆々ご苦労ご苦労。人も国も皆々それぞれの因果だけ顕《あらわ》れて参るから、嘘《うそ》つけばついただけ己騙《だま》されて悪く申されるのであるから、ツケは必ず払《はら》わねばならんのであるぞ。宇宙《うちゅう》の法でもあるのぞ。払わねば泥棒《どろぼう》であるぞ。泥棒はさらなる大泥棒に騙されるのであるぞ。大泥棒もまた悪《あく》の総大将《そうだいしょう》に騙されるのであるぞ。上には上がおるのぞ。どの道歩いても相応《そうおう》に改心させられ、真《まこと》の道、真《まこと》の喜び求めて歩むようになっておるのであるから、どの道歩いても良いのであるぞ。遅《おそ》し早しの違《ちが》いだけで、真《まこと》の喜び求めて、皆々歩みたくなるものであるぞ。そなた、変わりたい変わりたいと申し、己に手焼いておりたゆえ、一つ一つ真《まこと》分かるように分かりやすく見せてきたなれど、そのことなかなか分からんから、時間ばかり掛《か》かってきたのであるぞ。

国は人が造《つく》りておるが靈《れい》が作りてもおるから、靈も同様に過去《かこ》の因果相応苦しみ頂いて、変わって参ったのであるぞ。靈改心いたせば、人も変わるのぞ。人は靈に操《あやつ》られても来たのであるが、人が真《まこと》を知らぬから、あっちにふらふらこっちにふらふら、己を見失《みうしの》うてきたのでもあるのぞ。ゆえに靈、人、共に変われねば、国は変わらんのであるのぞ。神人遣《かみひとつか》いて、霊、人、共に申してきたなれど、霊も人も真《まこと》なかなか理解《りかい》出来ぬなれど、縁《えん》ある者たちには真《まこと》伝えたゆえに、後《あと》は霊は霊の世を変えて参れるぞ。人は人の世を変えてゆけるのであるのぞ。真《まこと》分かりた者から伝えて参れよ。これまでの思い込《こ》み外《はず》して参れよ。⦿《まこと》の真《まこと》はここより他《ほか》に出ぬゆえに、真《まこと》縁ある方々に伝えておりますのぞ。そなたらのお役目でありますのじゃ。人の世変えて参りなされ。ゝ《まこと》を真ん中に入れて、うれしたのし参りなされ。皆で世直しいたして参りなされ。大日月《おおひつ》地大神《くおおかみ》の大きな霊団《れいだん》みなみなで、そなたらお力添《ちからぞ》えいたすぞ。地《ち》の大神にお喜び頂くのであるから愉《たの》しみぞ。

魔物《まもの》もこれまでご苦労であったなあ。そなたらがおったゆえに、霊、人、共に学び変わって来れたのであるぞ。魔物のお役目、ご苦労ご苦労。時《とき》来たゆえに変わりて、次のお役目に変わるのであるぞ。良きにいたしてやるぞ。魔物の親でもあるから、皆々救うのであるぞ。擦《す》り込まれておる常識《じょうしき》は、霊、人がこしらえたものであるが、己《おのれ》らばかりの常識は非《ひ》常識にも変わるのであるぞ。皆々うれしうれしたのしたのしなる道、真《まこと》の常識ぞ。神靈人《かみひと》、獣《けもの》、草木、虫けら、皆々の喜びであるぞ。

昔から真《まこと》の喜びの道、ちゃんと伝えて来ておるのぞ。分かる者には分かるなれども、数少なくなってしまって世が変わってしまっていたなれど、元《もと》の元の世に戻《もど》すのぞ。まだまだふるいに掛けて参るぞ。人の物何一つ無い世に戻すのであるぞ。皆々そなたらに貸《か》しておるだけであるから、生きるのに必要な分だけ頂けよ。皆々仲良うお分け下されよ。奪《うば》い合うでないぞ。独り占《ひとじ》めするでないぞ。金《かね》は要《い》らんのであるぞ。魔物らこしらえた仕組みであるが、金の仕組みで皆をまとめようといたしたなれど、結局まとまらんから皆々苦しんでおるのぞ。ゆえに皆で知恵《ちえ》出して皆で生きられるよう、真《まこと》の世の仕組み考えなされよ。要《い》らんものは要《い》らんゆえ、無くせば良いのであるぞ。みな苦しむもの要《い》らんのであるぞ。手放《てばな》せよ。手放すには勇気要《い》るぞ。一人一人試《ため》されるぞ。御魂相応《みたまそうおう》に顕《あらわ》れるぞ。皆で励《はげ》まし声掛け合い、仲良う進めよ。真《まこと》の世造《よづく》り、いたして参るぞ。国、無くして参るぞ。金《かね》、無くして参るぞ。靈、人の意識《いしき》の中から無くして参るのぞ。物の世は人の意識の顕れであるから、人の意識変われば、世変わるのであるぞ。囚《とら》われるなよ。

過去《かこ》に執着《しゅうちゃく》いたせば、苦しみに引《ひ》っ張《ぱ》られるぞ。悪魔囁《あくまささや》くぞ。まだまだマコトの悪魔遣《つか》うぞ。悪魔も人苦しめる大事なお役目であるから、活《い》かしておるのぞ。悪魔に魅《み》入《い》られるのは、それだけの因果《いんが》そなたの腹《はら》にあるからぞ。とことん苦しまねば変われぬ者多いから、悪魔も喜ぶのぞ。苦しみの花咲《さ》かせて、涙涙《なみだ》で笑いなされ。一厘《いちりん》で地《ち》の大神、見事喜ばしてみせるぞ。

人揃《そろ》ってきておるのぞ。まだまだ縁《えん》ある者繋《つな》いで、見事立派《りっぱ》に神一厘の仕組み成就《じょうじゅ》いたすぞ。他《た》の星の方々、大勢お力添《ちからぞ》え下さっておるぞ。皆々これからを喜んでおられますぞ。この地の人の先祖《せんぞ》、兄弟でもありますぞ。時来《きた》りて真知《まこと》り目覚《めざ》めるのぞ。追々《おいおい》思考も変わって参りますぞ。よくよく分かるように、頭働くようになりますぞ。目閉《と》じても耳塞《ふさ》いでも、見聞《みき》きいたすようにもなって参りますぞ。何もかもすーっと分かるようになっても参りますぞ。うれしうれしたのしたのしじゃなあ。笑う門《かど》には福がいっぱいじゃ。笑いおうて世直しなされよ。

地の大神、あっぱれあっぱれ。地の大神、ありがたいありがたい。

うるうるう、おろおろお、あらわらわ、うーおーあー。

艮金神《うしとらのこんじん》変わりて艮大神《うしとらのおおかみ》。変わりて艮《うしとら》日《ひ》月《つ》地《く》大神《おおかみ》。艮《うしとら》、世直しの元の元。

東北《うしとら》の地《くに》、古《いにしえ》の教え眠《ねむ》りから醒《さ》めて、大きく動き出しますぞ。大《おお》日《ひ》月《つ》地《く》大神《おおかみ》大靈団《おおれいだん》、申す。

二〇一五年六月三十日　神人《かみひと》ご苦労あっぱれお役。うるうおう、あっぱれあっぱれ。
感謝申す。

六

過去《かこ》に縛《しば》られてはならんぞ。常《つね》に変化の中にあるのだから、流れに任《まか》せれば楽に進むぞ。もう既《すで》に良き流れに変わっておるから、ますます良き世となってゆくぞ。まだまだ喜び大きく広がってゆきますぞ。長い間続いてきた悪魔《あくま》の仕組みは、霊人《れいじん》、肉体人、皆々恐怖《みなみなきょうふ》に縛りつけ洗脳《せんのう》いたし、偽《いつわ》りの教えを思い込《こ》ませ、自《みずか》ら貶《おとし》めさせる魂胆《こんたん》であったぞ。ゆえに皆《みな》の弱い所をしつこくしつこく疲《つか》れ果てるまでえぐり続け、洗脳いたし楽しんできたぞ。しかし、支配《しはい》の時代は崩壊《ほうかい》いたしておるぞ。どんどん表《おもて》に顕《あらわ》れて来ておるであろうが。人は真《まこと》がよく分からんようにされていたゆえに、操《あやつ》られ放題であっちにころりこっちにころり、いいように弄《もてあそ》ばれていたのじゃぞ。尻《しり》の毛まで抜《ぬ》かれ骨抜《ほねぬ》きにされてしまって、真《まこと》の喜び、生き方、見えなくさせられておったぞ。

悪魔の仕組みは、恐怖を植え付け僕《しもべ》となれば救ってやると申しながら、不安を植え付け続け、真《まこと》の喜びから遠ざけて、守護霊殿《しゅごれいどの》の声も届《とど》かぬようにいたすやり方してきたのじゃ。不安に支配された人は、喜びを感じ難《がた》くなり、生きる氣力《きりょく》を奪《うば》われ、悪魔の奴隷《どれい》らの容《い》れ物となってしまい、長きに渡《わた》り貶《おとし》められてきたのじゃ。仲良き者たちの信頼《しんらい》関係や他《た》を愛する思い、喜びを、あの手この手で壊《こわ》してきたのじゃ。己《おのれ》を正当化いたし、情《じょう》に訴《うった》えかけ、いいように洗脳いたしてきたのじゃ。悪魔はずる賢《がしこ》いから見破《みやぶ》るのもなかなかであったが、神人《かみひと》よく大峠越《おおとうげこ》したぞ。人離《はな》れてもゆきたが、人ふるいに掛《か》けたのじゃぞ。それまでのご縁《えん》でありたのじゃ。季節変わって新たなご縁の花、次々咲《さ》きますぞ。世界中の人々、繋《つな》がり始めますぞ。良きご縁ますます顕れて、あっぱれ世直し皆で一気に進めて参りますぞ。真《まこと》ご縁ある方々、良き氣《き》放ちておるゆえ分かりますぞ。偽物《にせもの》はふるいに掛けて関われぬようになって参りますから安心なされよ。皆々守っておりますぞ。

これからいよいよ本番じゃ。隠《かく》してありた宝《たから》、次々と表《おもて》に出して、人の世すべて変えて参りますから、他《た》の星の人々共々、靈人《れいじん》共々、世界中のご縁ある人々共々、仲良く手繋いで新たな世お創《つく》り下され。王としてある御魂《みたま》、過去よりご縁深き御魂《みたま》、磨《みが》かれた御魂《みたま》ら、次々顕れ繋がりますぞ。うれしうれしたのしたのしじゃな。あっぱれあっぱれ悪《あく》の花咲きて散ったぞ。お見事であったぞ。悪もやりきったのぞ。とことんまで神仕組みと戦ったのじゃ。悔《く》いることなく、ようやく他《た》の星へと次々連れて参るぞ。既《すで》に始まっておるのじゃぞ。知ること大切、悪《わる》あがきはもう終わりじゃ。人の意《い》識《しき》、すっくりと天地ひっくり返るぞ。人の世の仕組み、変わるのじゃぞ。不治《ふじ》晴れたのぞ。

地《ち》の大神、人の命奪《うば》わんぞ。悪魔に支配《しはい》されて奴隷《どれい》になっておった者たち、人の命奪ってきたのじゃぞ。悪《あく》の科学じゃなあ。雨降《ふ》らし風吹《ふ》かし地揺《ゆ》らし、毒撒《ま》き嘘《うそ》つき人騙《だま》し、善《ぜん》の仮面被《かめんかぶ》りて人々崇《あが》めさせ、操《あやつ》り続けてきた愚行《ぐこう》の数々、因果《いんが》としてみな一つ一つ償《つぐな》わせますぞ。逃《に》げも隠《かく》れも出来んぞ。悪魔の仕組み筋書《すじが》き、地の靈団《れいだん》みなみなすっかり騙されて、地の人々らも皆々騙してきたのじゃ。⦿《まこと》の神は天変地変《てんぺんちへん》で皆の命奪わんのぞ。守護靈、指導靈殿《しどうれいどの》は、人に恐怖《きょうふ》の絵巻《えまき》など見せんのであるぞ。恐《おそ》ろし予言などせんのであるぞ。脅《おど》して操《あやつ》るやり方、悪《あく》であるのぞ。不安の氣《き》は人の氣力《きりょく》奪って、悪魔に操られやすい人に変えるのぞ。悪魔は靈団、人民みな洗脳いたし、荒《あ》れ果てた地は、皆々神のせい人のせいにいたして、地の民《たみ》ら共倒《ともだお》れ自滅《じめつ》させ、初めから地を乗っ取る策略《さくりゃく》であったのじゃぞ。

悪魔の仕組みは、初めからすべてお見透《みとお》しであったから、時来《く》るの待ちておったのぞ。言うてはならず、言うて救いたかったなれど、分かる者には分かるようにいたして来たのぞ。分からぬ者はまだまだ分かる器《うつわ》ではなかったのであるから、皆々因果ぞ。いくら背伸《せの》びいたしても学び足らぬゆえに分からんのであるから、おのおの身《み》の丈《たけ》に応《おう》じた学びをさせて来たのじゃぞ。生まれ変わり死に変わり御魂磨《みたまみが》きいたして参りなされよ。もうこれで良いという御魂《みたま》一つもないぞ。地に生まれ学ぶ必要無くなる時は無いのであるから、靈人皆々、地の大神様にお詫《わ》び申して、改心いたして、また生まれ変わって学ばせて頂《いただ》けよ。仏魔《ぶつま》に魅入《みい》られて、いつまでも洗脳《せんのう》され執着《しゅうちゃく》させられておりますぞ。人が造《つく》り上げた偶像《ぐうぞう》は偶像であるのじゃぞ。いつまでも偶像崇《あが》めておっては笑われますぞ。己《おのれ》はまだまだ真《まこと》分からぬ者であること、皆に見せておるのと同じじゃなあ。偶像拝《おが》む前に己の肉体様を日々《ひび》拝みなされよ。日々使わせて頂いておる、地の大神の分身《ぶんしん》である肉体様を拝んで生きなされ。たくさんの喜び頂いておろうがな。靈、人、共に地の大神様に、肉体様に詫《わ》びねばならんのぞ。骨抜《ほねぬ》きにされて真《まこと》見えなくされ洗脳されておったから、何拝めばよいかも分からなくされておるが、時来たゆえ目醒《さ》ましなされよ。

神人《かみひと》、ご苦労ご苦労あっぱれお役。うーるーうーるーうーあーらーわーおー。

二〇一五年十月二十七日　大日月地大神靈団《おおひつくおおかみれいだん》　神人遣《かみひとつか》いて申す。

七

これからのこと申すぞ。

臣民《しんみん》人民、皆々《みなみな》〇《まこと》知り変わる時。悪《あく》は分からぬようにワヤにいたしてきたなれど、己《おのれ》らの撒《ま》いた学によって苦しんで参るぞ。人減《へ》らす計画、神のつもりでおるなれど、己ら減らされることまだ分からんのぞ。悪魔《あくま》に使われておる人民は訳《わけ》も分からず毒造《つく》りては、空から撒《ま》いて人苦しめ、水に撒《ま》いて生き物苦しめ、天から仕掛《しか》け雨風動かし、地に仕掛け地揺《ゆ》らし、人に入れて身体《からだ》苦しめ、思考に入《はい》りて操《あやつ》りて、人民知らぬゆえやりたい放題好き勝手いたしてきたなれど、◎《まこと》神々の仕組み、いよいよ見せますぞ。良いか。

悪魔は他《た》の星へ連れて参りますぞ。悪魔の仕組み無きものにいたしてきた者たち、悪魔に操られておることまだ分からんか。無きものにいたせば悪魔やりたい放題出来るのぞ。知らず知らずに悪魔のお膳立《ぜんだ》てさせられておるのぞ。人民には分からんどえらい悪事《あくじ》、やりたい放題いつまでもならんから、いよいよ時来たゆえに成敗《せいばい》いたすなれど、人民にも分からせねばならんから人民苦しまねばならんのであるが、あまりに可哀想《かわいそう》であるから早《はよ》う分かって下されよ。お人好《ひとよ》しも馬鹿《ばか》がつくと悪《あく》になるぞ。善《ぜん》の仮面被《かめんかぶ》った悪になりますぞ。いつまでも分からんと申して、善の仮面被《かぶ》った悪ではならんぞ。悪魔に加担《かたん》し続けては、皆々ますます苦しくなるばかり。分かる者どんどんうれしたのし変わっておるのじゃが、まだまだ人民救ってやりたいゆえ、楽にしてやりたいゆえにしつこく申すのぞ。

人の意識《いしき》変わらねば、世の中は変わらんのぞ。人の意識操られておるから、己《おのれ》気づかなければ操られたままであるぞ。人民、己が操られておること信じられんであろうなれど、悪魔は簡単《かんたん》に人を操れるのであるぞ。悪魔の力どれほど強いか、ずる賢《がしこ》いか、人民知らんのぞ。負《ふ》の感情《かんじょう》与《あた》え続け、好き放題に操っておるのぞ。そなたは己が何ゆえそう思うか、問うてみよれ。その思いはどこから来ているのか、考えてみよれ。自分の頭で生み出していると思い込《こ》んでおるなれど、思考は元《もと》より在《あ》るものがそなたに流れて来ておる仕組み。無限《むげん》にある思考を選んでおるのみじゃ。己で選んでおると思うなよ。思考を選ばされておるのじゃぞ。操られておるのじゃぞ。人民に与えられておる学は、まだまだ低きものであるのぞ。地の人民、いつまで操られておるのじゃ。骨抜《ほねぬ》きにされ操られ、善の仮面被《かぶ》った悪の人民にさせられておるのじゃぞ。

真《まこと》を求めよ。求めねば進まんぞ。人民、真《まこと》の喜びまだまだ知らんのぞ。うれしたのし涙溢《なみだあふ》れる世、皆で創《つく》れるのぞ。戯言《ざれごと》申しておるのでないぞ。人民目覚《めざ》めねば、新し世創れんからくどう申すのぞ。生き物皆々うれしたのし世直しいたすゆえ、これからますます悪事表《あくじおもて》に出して膿《うみ》出して、人民の目覚《めざ》ましいたしますぞ。地の人民、靈人《れいじん》だけではもうどうにもならんから、昔から縁《えん》ある他《た》の星の方々も、鍛《きた》えてきた善良《ぜんりょう》なる靈団《れいだん》靈人らも、皆々総掛《そうがか》りで世直しいたしますから、まこと目覚《めざ》めた人民、安心してお役目いたして下されよ。神人《かみひと》に伝えてあるから聞いて下されよ。世界中、真偽《しんぎ》ひっくり返して世の立て替《か》え立て直しますます激《はげ》しくなりますから、人民、褌《ふんどし》締《し》めて、まこと目見開いて生きて下されよ。

うれしうれしたのしたのしかわるかわる、ありがたいありがたい、よのはじまりはじまり、うるうるうおうおうおう。神人唄《かみひとうた》いて笑う変わる。おうおうおうあーあーあーえーえーえーうーうーうーおうおうおう。

二〇一五年十二月二十九日　神人遣《かみひとつか》いて申す。大日月地星大靈団神々御靈《おおひつくほしおおれいだんかみがみおんたま》　集《つど》う。

八

闇《やみ》明けるぞ。◎《フジ》晴れるぞ。みな変わるぞ。悪《あく》の元《もと》の元の元が変わるから、地《ち》の民《たみ》も変わって参るぞ。土《つち》の⊛《ほし》、大騒動《おおそうどう》であるぞ。悪魔《あくま》、一厘《いちりん》の仕組みに手つけられず、苦しんでおりますのじゃ。神々の仕組み、最後の最後に出ること申してきたゆえに計画通りであるが、悪魔は神々に勝てると思い込《こ》んでおったゆえに、それ相応《そうおう》に苦しまねばならん因果《いんが》じゃな。変わる者は変わる。変わらぬ者は変わらぬ。変わらぬ者は変わるまで、じっくり何千年かけて学ぶのじゃ。

分け隔《へだ》ていたすのじゃぞ。混《ま》ぜこぜはみな苦しくなるゆえに、皆《みな》それぞれに区分けいたすのじゃ。それぞれの学び、在《あ》り方で参るのじゃ。元の元の元の世にいたして参るのじゃぞ。悪魔の創《つく》った世界は滅《ほろ》びて参るぞ。靈《れい》、人の意識《いしき》変わるゆえに、地に顕《あらわ》れて参りますぞ。月の大神、元にお戻《もど》りになられますぞ。闇夜《やみよ》照らす優《やさ》しき氣《き》に変わりますのじゃ。悪魔の仕組み壊《こわ》れて、夜も昼も良き氣《き》に変わりますのじゃ。ゆえに地の人民、靈人《れいじん》、皆々《みなみな》まこと喜び繋《つな》がりて、弥栄弥栄《やさかいやさか》になりますぞ。どんどん己《おのれ》の思考が変わるゆえに、己はこれまで何しておったのか分からんように思うなれど、真《まこと》の道見えて参りますから、恐《おそ》れずみな共々世直し楽しんで下されよ。世直しさせぬようにいたしておった悪魔らは、もう地に関われぬようにいたしたゆえに、地に憑《かか》りておった悪靈《あくりょう》も皆々氣《き》抜《ぬ》け状態《じょうたい》、抜《ぬ》け殻《がら》のようになりますのじゃ。

ウの大神とは、大宇宙《だいうちゅう》、多重次元《たじゅうじげん》の宇宙全体の大靈団《おおれいだん》であるゆえ、見当出来ぬほど大きな大きな靈団であるから、地を操《あやつ》っておった悪魔の靈団は、宇宙から見れば極々《ごくごく》小さな存在《そんざい》なのじゃぞ。とは言うても、悪魔らはなかなか言うこと聞かぬ性分《しょうぶん》ゆえ、これまでは事細かに悪魔の仕組みを調査《ちょうさ》いたしておったのじゃ。そして銀河《ぎんが》の調和のために調整いたす時期《とき》訪《おとず》れて、この度《たび》の運びとなりましたのじゃ。地の人民よ、地の真《まこと》の歴史を学びなされよ。いつまでも悪魔造《つく》った偽《いつわ》りの歴史、学に縛《しば》られておっては、他《た》の銀河、星々の人々とお話が出来ませんぞ。地の人民、靈人殿《れいじんどの》、皆々は他の銀河、星々から来た人々、靈団の子孫《こまご》であるのぞ。宇宙の雛型《ひながた》としてあった地の星の目的は、あらゆる所の者たち集めて混《ま》ぜこぜにいたし、調和させるための計画いたしておったのじゃ。ゆえに何十億年も前から地の生き物は、他《た》の銀河、星々の方々によって、何度も何度も練《ね》り直して創《つく》られてきたのじゃぞ。

宇宙の人民には男も女も無いのじゃが、地の人民は悪魔らによって男女に分けられたのじゃ。ゆえに元より大昔から、地では男も女も、男女《おとこおんな》も女男《おんなおとこ》もおるのじゃぞ。人民は皆々、地の星で生まれ変わり死に変わりいたしながら、御魂磨《みたまみが》きいたしておる者じゃぞ。死んで終わりではないのぞ。生まれ変わることが罰《ばつ》ではないのじゃぞ。

悪魔が造《つく》った偽りの教え、宗教《しゅうきょう》は無くいたすぞ。偶像崇拝《ぐうぞうすうはい》も終わりでありますぞ。洗脳《せんのう》いたして人民苦しめておる元ゆえに、皆で無くして参りなされよ。何でもかんでも悪《あく》自由悪《あく》平等ならんのじゃぞ。靈性《れいせい》、御魂相応《みたまそうおう》でなければ理解《りかい》出来んのじゃぞ。事分けて学びそれぞれに変わる仕組み、道が正しきあり方じゃ。地から採《と》れる物、皆で分け合い暮《く》らすのじゃぞ。壊《こわ》すでないぞ。汚《よご》すでないぞ。奪《うば》い合うでないぞ。殺すでないぞ。同じではないのじゃぞ。人民の食べ物は世の元から決められておるぞ。人、獣《けもの》殺すなよ。友であるのじゃぞ。殺され嘆《なげ》き苦しんでおるぞ。生き物それぞれの食べ物あるぞ。決められておるぞ。すべて元から決められ創《つく》っておるのじゃから、人民は生命《いのち》の仕組み壊すでないぞ。仕組み壊せば次々崩《くず》れてみな苦しむぞ。因果《いんが》であるのじゃぞ。世に出ておる臣民殿《しんみんどの》、まこと人民の生き方学びて、皆々喜ぶ世、創りなされよ。悪魔に支配《しはい》されておった世は終わったのであるぞ。己《おのれ》の洗脳解《と》きなされ。目醒《さ》ましなされよ。

みなみなうれしうれしたのしたのし、ありがたいありがたい、かわるかわる、うるうおう。

神人《かみひと》、ご苦労ご苦労。皆に筆《ふで》とらせ、まとめて世に伝えて参りなされよ。時来たのぞ。あっぱれお役あっぱれじゃ。皆でお力添《そ》えるぞ。皆と共に世、立て替《か》え立て直しいたせよ。うるうおう。神人《かみひと》の名じゃ。

二〇一五年十二月三十一日　大日月地星靈団御靈《おおひっくほしれいだんおんたま》　集《つど》いて申す。

九

人は何を学ぶかじゃ。嘘《うそ》教われば嘘言う人になる。真《まこと》教われば真《まこと》言う人になる。国によって時代によって教えも変わるのぞ。常識《じょうしき》は常識ではないのじゃぞ。善悪上下《ぜんあくうえした》ひっくり返ること、昔からよくあることぞ。世に出ておるお偉《えら》いさん、ありがたく恥《はじ》かかせてもらいなされよ。間違《まちが》っておりましたと頭下げれば、楽に変わりて次のお役目頂《いただ》けますぞ。今までよりもずっとうれしたのしお役目頂けますから、いつまでもつべこべ能書《のうが》き言わず、変わりなされよ。変われる時、来たのじゃぞ。

真《まこと》分かりた臣民《しんみん》人民殿《どの》、分かりたなれば思い言葉にいたして皆《みな》に伝えて下されよ。得た知識《ちしき》、宝《たから》の持ち腐《ぐさ》れになるでないぞ。良いか。人様に申したら己《おのれ》の行いも変えねばならんのじゃぞ。思う言う行うの三つ揃《そろ》うて真人《まことびと》ぞ。思いが元《もと》であるのじゃぞ。すべて思いが先にあってこの世は生み出されておるのじゃぞ。世の立て替《か》え立て直しは、まず思いの選び方変えねばならんのじゃ。悪魔《あくま》の仕組みに操《あやつ》られておっては、真《まこと》のお役目出来んのじゃぞ。思い込《こ》みの世、思い込まされの世、嘘《うそ》の世は壊《こわ》さねば、新しき真《まこと》の世は創《つく》れんのじゃぞ。間違った平和平等主義《しゅぎ》、仲良しこよしのままでは、嘘の世は変えられんのじゃぞ。皆々《みなみな》苦しみ続けるばかり。世のほとんどが操られた善《ぜん》の仮面《かめん》被《かぶ》った悪《あく》、傍観者《ぼうかんしゃ》であるぞ。勘違《かんちが》いいたすでないぞ。人民同士闘《たたか》って殺し合うのではないのじゃ。皆が真《まこと》を理解《りかい》し合い、共に変わりゆく道ぞ。

嫌《きら》われ役、尊《とうと》いのぞ。真《まこと》の善人ぞ。広き長き目で見て必要ゆえに、己嫌われ役かって出られる御魂《みたま》、真《まこと》の臣民、真《まこと》の指導者《しどうしゃ》ぞ。真《まこと》申すに肩書《かたが》き要《い》らんのじゃ。金《かね》も要《い》らんのじゃぞ。真《まこと》の言葉申し真《まこと》の生き方いたせば真人《まことびと》ぞ。真《まこと》も知らず嫌われ役も出来ず、損得勘定《そんとくかんじょう》ばかりのお偉《えら》いさん、あっちにいい顔こっちにいい顔で、善の仮面被《かぶ》りて人民ワヤに掛《か》けておる世でありますから、九分九厘《くぶくりん》の人民、気つけねばならんのじゃぞ。

いつまでも知らん存《ぞん》ぜぬでは、風に揺《ゆ》られる骨抜《ほねぬ》きすすきのようであるのぞ。いつまでもふらふらゆらゆら、何されても笑って見ておっては操り人形。あまりに子孫《こまご》、可哀想《かわいそう》であるぞ。

良いか、良く聞きなされ。そなたらにはそなたらのお役目あるぞ。人民みなみな貴《とうと》いお役目授《さず》けてあるから、目醒《さ》まして下されよ。悪魔《あくま》の洗脳《せんのう》、皆で解《と》きあって下されよ。あれ何としたことかと、ぱっと目の前明るくなりて、世が面白《おもしろ》いほどに良く見えるようになりますぞ。良く見えて来たなれば、まこと皆で喜べる世、創《つく》りたくなりますぞ。皆のために己活《おのれい》かさせて頂きたくなりますぞ。時《とき》来たのじゃぞ。真人現《まことびとあらわ》れよ。我《われ》も我もと次々に現れよ。新たな世創る、目覚《めざ》めた真人《まことびと》現れよ。望めばそなた真人《まことびと》なるぞ。天晴《あっぱ》れお役目始まりますぞ。世の立て替え立て直し、手合わせて喜んでなされよ。神靈万力《しんれいばんりき》、真人《まことびと》たちに力添《ちからぞ》えいたしますぞ。溢《あふ》れんばかりの褒美《ほうび》やりますぞ。真《まこと》の喜び無限《むげん》に得られますぞ。うれしたのしあっぱれ仕事、真《まこと》お役、花咲《さ》かせますぞ。愉《たの》しみじゃなあ。ありがたいありがたいかわるかわる、世変わりますぞ。神人遣《かみひとつか》いて申す。ご苦労でありますぞ。神人《かみひと》伝えるお役、皆に申すぞ。あっぱれであるぞ。このまま続けて下されよ。ありがたいありがたい。神人《かみひと》共に参る。

二〇一六年一月二日　大日月地大神靈団御靈《おおひつくおおかみれいだんおんたま》　繋《つな》ぐ。

十

そなたは真《まこと》見極《みきわ》める目、持っておるかな。真《まこと》だと思い込《こ》んでおられぬか。頭でっかちじゃな。学に囚《とら》われてもおりますな。人の学は小さい小さい。真《まこと》見極めるには、真《まこと》知らねば真《まこと》分からん道理。人は思い込み、癖《くせ》、多いもの。そなた、人の褌《ふんどし》で相撲《すもう》いたすでないぞ。知ったか振《ぶ》りは嘘《うそ》つきじゃな。それでも良いが、仮面《かめん》はいずれ落ちるものぞ。後《あと》になればなるほどに恥《は》ずかしなりて、皆々様《みなみな》に泣いて詫《わ》びねばならなくなりますから、今のうちに早《はよ》う改心なされて下され。何でも御魂相応《みたまそうおう》にいたされ。背伸《せの》びいたせばいたした分、メグリ来るもの。魔《ま》に操《あやつ》られますぞ。

悪魔《あくま》はまだまだここかしこに隠《かく》れておりますぞ。一を五に五を十《じゅう》にすり替《か》えいたして、感情《かんじょう》盛《も》って人操るのがお得意《とくい》でありますぞ。嘘でも長きに渡《わた》って思い込んでおると、嘘を愛《いと》しくなりて手放《てばな》せんようになりますぞ。最後の最後に情《じょう》に捕《つか》まりますなよ。悪魔得意な情繋《じょうつな》ぎの策《さく》に、まんまと嵌《は》まりて下さるなよ。嘘でも悪《あく》でも何でも良いと、最後は悪魔の虜《とりこ》、魔物《まもの》の僕《しもべ》となられますぞ。そうなりたらなかなか抜《ぬ》けられませんぞ。

世変える御魂《みたま》は鍛《きた》えに鍛えて、これまで生まれ変わり死に変わりさせて、この時に用意してきた御魂《みたま》ぞ。真《まこと》見極められる目、備《そな》わってもおるのじゃが、気つけるのぞ。真《まこと》分かる者は分かると申して来たが、分かるようにもなれるのであるぞ。それぞれに因縁解消《いんねんかいしょう》させながら、力溜《た》めさせながら、一つ一つ学ばせて来たのじゃ。生まれる前から守護霊殿《しゅごれいどの》、導《みちび》いてきておりますのじゃ。独《ひと》りで生きていると思うでないぞ。そなた独《ひと》りでないのじゃぞ。

まだまだこれから素晴《すば》らし御魂《みたま》、次々お生まれになるから、十年二十年愉《たの》しみじゃな。子供《こども》を子供と思うなよ。御魂《みたま》、大した立派《りっぱ》な方々ぞ。この世に慣《な》れるまでの間は子供であるのぞ。肉体の年齢《ねんれい》、仮《かり》のお姿《すがた》。見た目で分からん分からん。見た目で判断《はんだん》すると危《あや》ういぞ。他《た》の銀河《ぎんが》、星々からも、次々お生まれなられますぞ。これまでおりた御魂《みたま》らと次の世の御魂《みたま》らと、次々入れ替《か》わるのぞ。御魂相応《みたまそうおう》に分けられて参りますのじゃ。既《すで》に始まっておりますぞ。

天理《てんり》、金光《こんこう》、黒住《くろずみ》、大本《おおもと》、天明繋《てんめいつな》いで、時代相応に伝えて来てもおりますのじゃ。皆々同じ靈団《れいだん》の者からの筆先《ふでさき》じゃ。これまでは方便も多くありたなれど、これからは方便無くいたして参りますぞ。一つ一つ削《そ》ぎ落としてすっきりいたして参りますから、執着《しゅうちゃく》手放《てばな》しなされよ。時代相応の学び、ありますのじゃ。執着すると歪《ゆが》んで、真《まこと》見えなくなりますぞ。教団《きょうだん》皆々、我良《われよ》し、派閥《はばつ》、戦《いくさ》、議論好《ぎろんず》きばかりじゃな。真《まこと》伝えること出来る御魂《みたま》おらんのう。取り継《つ》ぎ無くて何伝えるのじゃ。教祖亡《きょうそな》き後《あと》、皆《みな》で揉《も》めて親不孝者ばかりじゃな。我《わ》が因縁《いんねん》じゃと申して苦しまれておりますぞ。泣いておりますのじゃぞ。誰《だれ》が偉《えら》いか正しいかと揉《も》めさすそなたらが、悪魔の僕《しもべ》になりて、信者様方操《あやつ》りて困《こま》らせておることまだ分からんか。世の雛型《ひながた》、揉《も》め事の種《たね》、不和の仕組み、皆々様方に長い間お見せして来たのじゃぞ。何百年も悪魔の仕組み見せて来たのじゃぞ。どうすればうれしたのし世に変えられるか、そなたらの心の中に隠《かく》してもありますのじゃ。光輝《かがや》く宝《たから》、隠してありますのじゃ。手に取って御光《みひかり》頂《いただ》きなされよ。頭下げて詫《わ》びおうて下されよ。

この神示《ふで》、皆にお配り下されよ。皆々泣いて喜びますぞ。教団教祖御魂《みたま》らの思い、代弁《だいべん》いたしておるのじゃ。神人《かみひと》、靈団繋《れいだんつな》ぎのお役目。神人《かみひと》の言葉でないぞ。早とちりいたすなよ。皆々御魂《みたま》様方、ここにお集まりじゃぞ。どうにかいたしたくて、皆々様方を見ておいでじゃ。教祖様方、お詫び申し上げておりますぞ。ご縁《えん》頂き苦しめてしまい申し訳《わけ》ないと、頭下げておられますぞ。教祖になる御魂《みたま》、皆々靈格《れいかく》高いのぞ。皆々様方に頭下げてお詫び申せる、大き器《うつわ》でありますぞ。あっぱれあっぱれでありますぞ。悪者仕立て偉そうな教祖、一人もおられませんぞ。信者様方、分かりて下されよ。皆で手繋ぎおうて下されよ。世変える雛型《ひながた》、産《う》み出して下されよ。許《ゆる》しおうて笑いおうて大きくなるのがそなたらのお役目じゃ。お願い申し上げますぞ。

うれしうれしたのしたのし、はじまりはじまりあっぱれあっぱれ、花咲《さ》く春来ましたぞ。

二〇一六年一月三日　大日月地大神霊団御霊《おおひつくおおかみれいだんおんたま》　集まる。うるうおう神人《かみひと》。

十一

昨日《きのう》と今日《きょう》では流れが違《ちが》うのでありますぞ。人の流れ、靈《れい》の流れ、随時《ずいじ》変わりゆくものでありますから、変わる流れ見ながら必要なこと申してゆかねばならんのでありますぞ。時代に応《おう》じたものの言い廻《まわ》し、伝え方ありますぞ。取り継《つ》ぎ役も時代に応じた言葉、与《あた》えて参りましたのぞ。言いたくとも言えぬことも遠回しに申して、分かる者だけに分かるようにいたしてきたのじゃが、これからは皆《みな》にも分かるよう分かりやすく申して参るから、神示《しんじ》よく噛《か》んで味おうて身《み》にいたし下されよ。何度も何度も、日替《か》え見方変え、読んで下され。昔から八通《やとお》りに読めると申して来ておりますぞ。読み手相応《そうおう》、御魂《みたま》相応に違いますのぞ。そなた経験《けいけん》いたし、学び、成長いたしてお読み下されば、また違う宝《たから》、頂《いただ》けますのじゃ。一度読んで終わりの書でないぞ。読めば新たな学び頂けますぞ。御魂《みたま》、光り出しますぞ。喜び、宝、幾《いく》らでも取り得《どく》でありますぞ。皆々《みなみな》取り分けて、よく読んで下されよ。皆が変わらねば先に進めぬから、皆々仲良う教えおうて歩みなされ。共に学ぶはうれしたのしじゃぞ。

人民、まず肉体様を知りなされよ。日々《ひび》喜び頂いておる肉体様を理解《りかい》なされよ。肉体は生きておるのじゃぞ。神の容《い》れ物じゃ。地《ち》の大神様の分身《ぶんしん》じゃ。ウの大神様の雛《ひな》型《がた》じゃ。そなたが何もせずとも生きておるではないか。そなたが肉体生かしておるのでないのぞ。そなたは肉体使わせて頂いておる御魂《みたま》じゃ。御魂入《みたまはい》りて肉体動かすこと許《ゆる》されておる者じゃ。そなたは肉体使わせて頂きながら、地の人民として学び御用《ごよう》いたす者ぞ。日々《ひび》肉体様崇《あが》め奉《たてまつ》りなされよ。大事に大事に使わせて頂けよ。子供《こども》らには一番に教えねばならんぞ。肉体様尊《とうと》べれば、虐《いじ》め無くなりますぞ。

そなたは何者か教えますぞ。人は何度も何度も生まれ変わり死に変わりいたして、場所変え、時変え、肉体変えて今に至《いた》りますのじゃ。これからも何度も何度も生まれ変わりて、御魂磨《みたまみが》いて進化させて参るのぞ。ご縁《えん》ある皆々様方、共に歩んで参ること、うれしたのしであろうがな。そなたを愛する者たち、共に生まれ変わりて来たのであるぞ。ご縁の深い浅いは過去《かこ》の生からの因縁《いんねん》じゃ。今の生ばかりで考えておっては分からんぞ。死んで終わりでないのぞ。死んだら偉《えら》くなる訳《わけ》でもないのぞ。勘違《かんちが》いいたしておる宗教《しゅうきょう》に捕《つか》まると、真《まこと》から離《はな》れて訳《わけ》分からなくなりますから気つけて下されよ。

人民の科学も迷信《めいしん》、間違《まちが》いだらけの宗教ぞ。お偉《えら》いさん方申すこと真《まこと》と思い込《こ》むでないぞ。人民騙《だま》されやすいから、くどう申しておくぞ。皆々苦しむもの産《う》み出す悪魔《あくま》の教えを崇《あが》めておいでじゃ。人民擦《す》り込まれたゆえ、間違いだらけの悪《あく》の科学崇《あが》めるのも無理ないなれど、生き物皆々様が苦しむ元《もと》となる教えを悪魔らは人民に与《あた》えて、自滅《じめつ》させること楽しんできたのじゃぞ。目見開いて、よくよく世の中の歴史、見て下されよ。悪魔は生き物人民苦しめ殺すこと、愉《たの》しむ者たちじゃぞ。長きに渡《わた》り世の中操《あやつ》って来たのじゃ。陰謀論《いんぼうろん》じゃと笑《わろ》うて下さるなよ。真《まこと》のお話じゃ。皆々己《おのれ》の命と引き換《か》えに、人民に真《まこと》伝えるお役目いたしてきた尊《とうと》い御魂《みたま》ら、たくさんおったのであるのぞ。陰謀論と申し握《にぎ》り潰《つぶ》してきたのは、悪魔の策略《さくりゃく》であったのぞ。人民ワヤにいたし、己《おのれ》で考えられぬように真偽《しんぎ》混《ま》ぜこぜにいたして、揉《も》めさせてきたのじゃ。

一つ一つ整理整頓《せいとん》いたして、皆で真《まこと》伝えおうて下されよ。悪魔は人食うのじゃ。人の血呑《の》んで喜んでおるのじゃぞ。人の子の血肉《ちにく》、ご馳走《ちそう》にいたすゆえ、昔から人民に生《い》け贄《にえ》求めてきたのじゃぞ。今も世界中におりますのじゃぞ。人民に人肉《じんにく》、獣肉《じゅうにく》食わさせて、僕《しもべ》といたしたのは悪魔であったのぞ。ゆえに悪魔作った儀式《ぎしき》、儀礼《ぎれい》、催《もよお》し、多いのぞ。知らず知らずに悪魔奉《たてまつ》り、操られておる人民多いぞ。ゆえに悪魔好き勝手、やりたい放題じゃ。例えで申しておるのではないのぞ。悪魔は善《ぜん》の仮面《かめん》被《かぶ》りて、見分けつかぬように化《ば》けておいでじゃ。追々《おいおい》化けの皮、剝《は》がれ落ちますぞ。堕《お》ちて参りますから聞いておきなされよ。

人民、神示《しんじ》声出して読んで下され。悪魔にも聞かせて下され。悪魔祓《ばら》いにもなりますぞ。悪魔、変わる時来たぞ。逃《に》げられんぞ。次はそなたの番であるのぞ。◎神世《まことかみよ》にいたして参るのぞ。悪魔、地におられんのぞ。お役目ご苦労であったぞ。真《まこと》の神々は生け《い》贄《にえ》求めんのであるぞ。真《まこと》の神々は人民喜ばせるのみぞ。喜び与え続けるのみでありますぞ。宇宙《うちゅう》、星々、森羅万象《しんらばんしょう》、皆々神々様ぞ。大きい御魂《みたま》様であるのぞ。真《まこと》の神々奉《たてまつ》りてあるが真《まこと》の靈団御魂《れいだんみたま》であり、神靈御魂《しんれいみたま》でありますのじゃぞ。靈人《れいじん》、臣民《しんみん》、人民、神々様に生かされておること、日夜忘《わす》れてならんぞ。いつまでも悪魔崇《あが》め奉《たてまつ》りておっては新たな世創《つく》れんから、皆々教えおうて目醒《さ》まして下されよ。神示《しんじ》読んで心勇んで参りたら、縁《えん》ある人々に教えて下されよ。人民に必要なものは世に出してあるぞ。まだまだ出して参るぞ。よく見て選んで、これぞと思うたらお使いなされよ。お役目なされて下され。まだまだ立て替《か》え立て直しの数、要《い》るぞ。皆々繋《つな》がれよ。皆々同志《どうし》であるぞ。縁深き良き御魂《みたま》ら次々繋がりて、うれしたのしお役目あっぱれあっぱれであるぞ。

魔物《まもの》に操《あやつ》られた偽物《にせもの》、紛《まが》い物現《ものあらわ》れて、もの申し不和仕掛《しか》けて参るなれど、自《みずか》ら潰《つぶ》れて参りますぞ。先に皆々様方に申しておきますのぞ。真見極《まことみきわ》める力を腹《はら》に入れなされよ。神示《しんじ》読んで身にいたして下されよ。損得勘定《そんとくかんじょう》、八方美人《はっぽうびじん》、物見遊山《ものみゆさん》は立て替え立て直しには要《い》らんのであるぞ。真人《まことびと》と氣《き》、波長《はちょう》が合わぬゆえますます苦しくなります から、黙《だま》って離《はな》れて見ておりなされ。見て学ばせて頂きなされよ。あっぱれお役目喜 び勇む人々と、見物いたし学ばせて頂く人々と、自《おの》ずと分かれて参りますのじゃぞ。 己《おのれ》で決めるのじゃぞ。次の世の棲《す》み分けいたして参りますのじゃ。神一厘《かみいちりん》の仕組み、 既《すで》に始まっておりますぞ。うれしうれしたのしたのしじゃな。

二〇一六年一月三日　大日月地大神霊団御靈《おおひっくおおかみれいだんおんたま》　集《つど》う。神人《かみひと》あっぱれぞ。うるうおう、 神示《しんじ》ここより出ぬから引き続きお願い申すぞ。

ありがたいありがたい。おーおーおーわーあーらーよーおー。

十二

人はみな変わるのじゃ。変わらぬ者はおらんぞ。ただ、どう変わりたいかじゃな。御魂《みたま》それぞれ靈性《れいせい》相応《そうおう》なりたいように思うなれど、真《まこと》の教え学んだ者は自《おの》ずと皆々様《みなみな》方に喜ばれる者になりたくなるものじゃが、偽《いつわ》りの教え学んだり愛足らんで育つと、我良《われよ》しの者になるものじゃ。人よりも有名になりたい、金持ちになりたい、偉《えら》くなりたいと申すは、みな我良しじゃぞ。我さえ良ければ良いと申す、自己《じこ》中心的な我《わ》がままなお人でありますのぞ。真《まこと》は皆《みな》のためになる者、喜ばれる者になりたいと思うが正しき道、生き方じゃのう。

大人《おとな》として何教えて下さるかな。どんな生き方見せてゆきますかな。子は親見て、周りの大人見て育つものじゃ。大人変わらねば子供《こども》らもまこと喜び得難《えがた》くなるから、責任重大《せきにんじゅうだい》ですぞ。我良《われよ》し、金儲《かねもう》け、奪《うば》い合いの生き方考え方は、とても恥《は》ずかしい生き方ですのじゃ。弱肉強食《じゃくにくきょうしょく》の世とは、靈性低き獣《けもの》の世ぞ。悪魔《あくま》が人に植え付けた、靈性貶《おとし》めるための教え、蔓延《まんえん》した世じゃ。この地の人民を獣《けもの》同様に奪い合い、戦《いくさ》続けさせるために巧《たく》みに洗脳《せんのう》いたしたこと、申しておくぞ。皆々様方ですべて分けおうて、仲良く暮《く》らす仕組みに生きるが真人《まことびと》の世でありますぞ。分け合うこと出来ぬ我良しは、悪魔に操《あやつ》られておりますのじゃぞ。

世の初めから人民の物、何一つ無いのじゃ。すべて神々様の物であるぞ。ゆえにすべて神々様より頂《いただ》くのであるぞ。日々《ひび》ありがたく頂くのであるのぞ。皆々様、己《おのれ》が要《い》る分だけ頂けば充分嬉《じゅうぶんうれ》しいはずじゃから、決して要《い》らぬ分まで欲《ほ》しがるでないぞ。足るを知りなされよ。充分足りておるのぞ。溢《あふ》れるほど持って自慢《じまん》しておる人民、恥《は》ずかしい生き方ですのじゃ。皆々様に分け合うこと出来ぬ、靈性低き己の在《あ》りよう見せて自慢《じまん》いたすは、とても恥《は》ずかしいのじゃぞ。皆々悪魔に洗脳されたゆえであるが、いつまでも笑い者になっておってはあまりに可哀想《かわいそう》だから、皆々様に厳《きび》しく申しますぞ。

経済至上主義《けいざいしじょうしゅぎ》とは、我良し、金儲《かねもう》け、奪い合い、戦《いくさ》の元《もと》でありますぞ。悪魔の僕《しもべ》となる教えぞ。貨幣制度《かへいせいど》は悪魔に教わり造《つく》った、人民を金融奴隷《きんゆうどれい》にいたす仕組みじゃ。悪魔崇《あが》めて金集め人集め、悪魔の容《い》れ物になっております者らの仕組みを、人民みなみな手取りあって終わらせるのじゃぞ。終わるのじゃぞ。人民働かせ苦しめ続け、己らは遊んで暮らす世の仕組みは、悪魔の仕組みじゃ。当たり前の世では無いのじゃぞ。人民望めば変えられるのであるぞ。多数決の世であるでないか。人の意識《いしき》変われば変わるのぞ。数増《ふ》えれば変わるのぞ。嘘《うそ》の世は変えねばならんのでありますぞ。都合良く平和主義《しゅぎ》と申す善《ぜん》の仮面被《かめんかぶ》ったそなたも、立派《りっぱ》な我良しじゃぞ。物見遊山《ものみゆさん》、見物人ぞ。厳《きび》しく申すは嫌《きら》われ役せねば人民目覚《めざ》めんからであるから、勘弁《かんべん》して下されよ。

うれしうれしたのしたのし、ありがたいありがたい世となりますぞ。皆々どんどん変わってゆかれますぞ。あっぱれじゃなあっぱれじゃ。

二〇一六年一月四日　大日月地大神大靈団《おおひつくおおかみおおれいだん》　皆々集《つど》い繋《つな》がる。
神人《かみひと》お役目ご苦労ご苦労。ありがたいありがたい。うるうおう、神、靈、共に申す。

十三

悪《あく》自由ならんのであるぞ。何申しても何いたしても自由と申せば、なんと楽なことかと人民早合点《はやがてん》いたし喜ぶなれど、今の人民好き勝手いたせばどうなるか。悪自由と申すは、悪魔《あくま》の教えであること気づかぬか。皆々《みなみな》好き勝手いたせば和は乱《みだ》れに乱れ、世の中ますます揉《も》めに揉め、生き物も皆々苦しむのであるぞ。力の世となりて偏《かたよ》りて、地《ち》の調和崩《くず》れるのぞ。みな我《われ》の自由じゃと申して、人民、話聞けぬようになりますのじゃ。国もまとまらぬようになりて、総崩《そうくず》れいたすのじゃぞ。人民一つになりて大きい力持たせぬようにいたすため、悪魔は悪魔の僕遣《しもべつか》いて、国、人民に悪自由を植え付け、皆《みな》をばらばら引き離《はな》し、操《あやつ》りやすいようにいたした策略《さくりゃく》であったのぞ。見てみなされ。和すこと出来ぬようになりて、引き籠《こも》りて一人の世界におる者、多いではないか。人民、日々《ひび》言葉磨《みが》き身魂《みたま》磨きいたさねば、悪魔の容《い》れ物となりて、好き勝手もの申し好き勝手いたす、我《わ》がまま幼稚《ようち》な御魂《みたま》となりますのじゃ。

神の民《たみ》、日《ひ》の民《たみ》は、ますます愚《ぐ》の民《たみ》となっておりますのじゃぞ。和すこと出来ぬようになれば力弱くて、一人一人捻《ひね》り潰《つぶ》すも簡単《かんたん》であるから、悪魔は悪《あく》自由人民に植え付け、上手《うま》いこと申し、観《み》させ聞かせ食わせ遣《や》らせ、逃《のが》れられぬように洗脳《せんのう》いたし、悪自由の奴隷《どれい》にいたしてきましたのじゃ。悪魔の甘《あま》い罠《わな》が、悪自由悪平等でありましたのじゃぞ。世の臣民殿《しんみんどの》、陰謀論者《いんぼうろんじゃ》と笑っておいでじゃが、見てみなされ。九分九厘《くぶくりん》が悪魔の仕組みに変えられて、人民、金《かね》の亡者《もうじゃ》となりて身動き取れんようになって、子が親殺《ころ》し親が子を殺し、男が女に女が男になりて、すねの毛、尻《しり》の毛まで抜《ぬ》かれ、骨《ほね》なしの輩《やから》になりて、毒盛《も》られても何も分からぬと申し笑っておるでないか。真《まこと》の教え分からぬままに、悪魔の僕《しもべ》となっておりますのじゃぞ。

人民、良いか。言葉は選ばねばならんのじゃぞ。言《こと》の葉《は》は、もの生みますぞ。己《おのれ》作りますぞ。世生み出して参りますのぞ。言の葉は力ぞ。靈《れい》と繫《つな》がりますのじゃ。どのような靈と繫がるかは、言葉で決まりますのじゃ。良き言葉は良き者らと繫がるもの、悪《あ》しき言葉は悪しき者らと繫がるもの。自《みずか》ら悪魔呼《よ》び寄《よ》せ、悪魔の容《い》れ物となって下さるなよ。外国言葉使えば、外国御魂《みたま》の容《い》れ物となりますぞ。流れ来るもの違《ちが》いますのぞ。念《ねん》、教え、靈力《れいりょく》、皆々異《こと》なるぞ。

この地はこの地の言葉、教え、昔からあるのじゃぞ。大昔から神の言葉あるのじゃぞ。無きものにされておるが、神、言葉伝えてきた所であるのじゃ。言葉の生まれ育ち、歴史分かれば簡単《かんたん》なことじゃが、人民、真《まこと》の歴史分からぬようにされておるゆえ無理もないなれど、世の民《たみ》は悪魔の言葉使いて悪魔褒《ほ》め称《たた》え、呼《よ》び寄《よ》せる言葉口にいたしておること知らんのであるぞ。言葉は思考選ぶことじゃ。思考は靈と関わる所じゃ。どのような者と関わるか、言葉で決まる。己、選ばねばならん。悪魔の言葉口にいたせば、悪魔悪靈《あくりょう》に魅入《みい》られ好き勝手にされますぞ。知らず知らずに操《あやつ》られ、望まぬことまで思わされ、可笑《おか》しなこと申し可笑《おか》しなことといたす者となりますのじゃ。

見てみなされ。世は可笑《おか》しな者たちで溢《あふ》れておるではないか。今の世は、悪魔に支《し》配《はい》された後《あと》の世でありますぞ。まだ洗脳《せんのう》されておる状態《じょうたい》であるから、悪魔の言葉使いて、悪魔の好き勝手されている人民、悪魔の容《い》れ物となりておりますのぞ。人民、そのままで良いかな。何申しても何いたしても自由では、皆々苦しくなるばかりであること分からねば、まこと喜び溢《あふ》れんばかりの新たな世の立て替《か》え立て直しは出来ぬのぞ。真《まこと》分かる臣民《しんみん》人民を増《ふ》やして下されよ。分かりた者から真《まこと》教えて下されよ。悪魔の教え、偽《いつわ》り、嘘《うそ》の世は終わりにいたすのじゃぞ。

まずは己《おのれ》見極《みきわ》めること肝心《かんじん》じゃ。甘《あま》い言葉に騙《だま》されるでないぞ。先にゆくほどに苦しくなるが悪魔の教え。神世《かみよ》の教えは、良薬《りょうやく》口に苦《にが》しじゃぞ。じゃが、後《あと》になればなるほどに溢《あふ》れんばかりの喜びとなるのぞ。厳《きび》しきこと申すは人民のことまこと思うてのこと。人民、近目近欲《ちかめちかよく》で見るから分からぬゆえ、耳痛《いた》いこと申すと言うなれど、まこと親心分かりて下されよ。己見極められん、自制《じせい》出来ぬ者は、九分九厘《くぶくりん》悪魔に支配されておること知りなされよ。くどう申すが悪自由悪平等ではならんのであるぞ。悪魔の世、人民、皆で手合わせて、終わりにいたすのじゃ。皆々喜ぶ神世《かみよ》となるぞ。真《まこと》道《みち》あるのじゃぞ。うれしうれしたのしたのしかわるかわる、道開く。

二〇一六年一月七日　大日月地大神御靈《おおひつくおおかみおんたま》　繫《つな》がり顕《あらわ》れる。うるうおう神人《かみひと》。

十四

人民、洗脳《せんのう》されておると不安や恐《おそ》れ、苛立《いらだ》ち多いぞ。悪魔《あくま》の仕組みた策《さく》に嵌《は》められておるからぞ。悪魔、操《あやつ》りやすくいたすために、人民の意識《いしき》落とさせておるのぞ。恐れ植え付け、喜びに繋《つな》がりにくくさせられておるのじゃ。善《ぜん》なる心と切り離《はな》すために、恐れ、不安、苛立ち煽《あお》りて、新たな世産《う》み出す力削《そ》いで来たのであるぞ。悪魔に洗脳され生きておる人民ほとんどであるから、目覚《めざ》めさせねばならんのであるから、くどう申すぞ。洗脳解《と》くためには、くどう申さねばならんのじゃぞ。

神人遣《かみひとつか》いて申すから、良く聞きなされよ。ここより他《ほか》に真《まこと》の靈媒《れいばい》出来んのぞ。わしらの声、繋げられんのじゃ。他《た》の者みな、悪魔の罠《わな》に嵌《は》まりて見失《みうしの》うておるわい。まだまだ足場とならん。ぐらぐらいたしておっては真人《まことびと》、役目出来ぬわい。腹《はら》からの改心、〻を真《まこと》ん中に収《おさ》めぬと、わしらの声届《とど》かぬぞ。悪魔の一団《いちだん》の者らの声しか聞こえん、見えん、分からんのであるぞ。それ答えぞ。ゆえに分からん者は分からんのであるのぞ。何百年も前から身魂磨《みたまみが》きいたせとくどう申してきたこと、このためであるぞ。何度も生まれ変わりて身魂《みたま》磨きさせて、今の世に準備《じゅんび》させてきた段取《だんど》りであったが、真人《まことびと》は少ない少ない。悪魔のワヤに簡単《かんたん》に掛《か》かる人民靈人殿《れいじんどの》、そなたらは身魂《みたま》磨き足らんのであるぞ。あっちにふらりこっちにふらり、根無し草ぞ。相手信じられんのではなく、己《おのれ》の生《い》き様《ざま》そのままに感じるものぞ。己、嘘《うそ》つきでないか。都合よく口《くち》裏《うら》合わす損得勘定《そんとくかんじょう》、八方美人《はっぽうびじん》でないか。頭でっかちで芯《しん》が通っておらぬのぞ。真《まこと》の生き方出来ておらんのじゃ。

神々に仕える筋《すじ》通す身魂《みたま》、日人真人《ひびとまことびと》。世の元《もと》から入《はい》りて人民導《みちび》く御魂《みたま》ら、初めからおるのぞ。人に紛《まぎ》れて皆々真《みなみなまこと》の姿分からんように隠《かく》してきた御魂《みたま》らであるから、人民には分かる者少ないなれど、分かる者は分かるのぞ。理屈《りくつ》ではなく御魂《みたま》の真ん中の目で見極《みきわ》められるのぞ。人民、見た目に弱いな。金《かね》に弱いな。肩書《かたがき》に弱いな。苦しみに弱いぞ。悪魔、人民よく知りて、ずる賢《がしこ》く分からぬように弱い所えぐり続け、僕《しもべ》といたすやり方であったから、苦しみ逃《のが》れたさに真人裏切《まことびとうらぎ》って悪《あく》自由申して、己《おのれ》は正しいと申し開き直るなれど、誠《まこと》に恥《は》ずかしきことであるから改心なされよ。真《まこと》の道外《はず》れる生き方は、恥《は》ずかしき生き方であるのぞ。悪魔に魅入《みい》られ悪魔の僕《しもべ》となるは、恥《は》ずかしき生き方ぞ。皆々《みなみな》様がそうであるからそれで良いではないのぞ。悪魔に魅入《みい》られておる人民靈人ばかり、嫌《きら》われたくないゆえ悪魔に加担《かたん》させられておるだけであるぞ。目醒《さ》めてよく分かるようになれば、これまでの己見て、なんてことかと恥《は》ずかしくなりますぞ。

　真人《まことびと》、喜びに生きておりますぞ。苦しまされても喜びに生きられるが真人《まことびと》ぞ。世の立て替《か》え立て直し、勇んで生きておりますぞ。どのような状況《じょうきょう》であれ喜びから離《はな》れぬ生き方ぞ。感謝《かんしゃ》に感謝忘《わす》れぬ生き方ぞ。悪魔に魅入《みい》られた者は、日々《ひび》不安と恐《おそ》れに苦しみもがいて生きておりますのじゃ。そなたは悪魔に操《あやつ》られておらぬと思い込《こ》んでおるが、操られておるから真《まこと》見極められぬのぞ。答え出ておりますのじゃ。

よくよく考えてみなされ。これまで何見させられ何聞かされてきたのじゃ。それが真《まこと》だと思い込まされてきたのでないか。仏《ほとけ》の教えと申して魔《ま》に操られた人作りおうた偽《いつわ》りの教え、イエス申したと言うて魔に操られた人作りおうた偽りの教え、神の声だと申して魔に支配《しはい》された靈団《れいだん》靈人らの教え、皆々真《まこと》と偽《いつわ》り混《ま》ぜこぜに作りなされたずる賢《がしこ》い偽りの教えに、九分九厘《くぶくりん》の人民靈人殿は洗脳《せんのう》されておられますのじゃ。どうじゃ、ここまで言われたら腹《はら》立つか。腹立つのは洗脳されておるゆえ、そなたに憑《かか》りておる悪魔に支配された靈人らの影響《えいきょう》であるゆえぞ。

元《もと》の元の元の教え、真《まこと》の教え、伝えて来ておるぞ。何、拝《おが》んでおるのぞ。何、拝まされておるのぞ。何ゆえ拝んでおるのじゃ。すべて我良《われよ》しお蔭信仰《かげしんこう》、損得勘定《そんとくかんじょう》、人集め金《かね》集め集団の僕《しもべ》ばかりでないか。偉《えら》そうにいたしておるが悪魔の僕《しもべ》でないか。悪魔の総大将《そうだいしょう》、既《すで》に戦《いくさ》、白旗《しらはた》挙《あ》げてましたのじゃぞ。まだ分からぬ者らは、戦《いくさ》終わったこと知らずに戦《いくさ》続けておる、時代遅《おく》れの洗脳された靈人靈団人民殿であるぞ。悪魔の仕組み、神一厘《かみいちりん》の仕組みで崩《くず》れ去ったのぞ。この世とあの世では時間の差あるなれど、偽り表《おもて》にどんどん出て来ておるでないか。暴《あば》かれてまだまだ掃除洗濯激《そうじせんたくはげ》しくなりますぞ。

よくよく見てみなされ。見て見ぬ振《ふ》り、言うても聞かぬ振りの案山子《かかし》でないか。真《まこと》の人の心から遠ざかった案山子《かかし》のようであるぞ。案山子《かかし》は無害なれど、人民靈人、世壊《こわ》し続け苦しみ広げ続けるのじゃから、案山子《かかし》に劣《おと》るぞ。ここまでくどう申すのはそなた目覚《めざ》めさせたいからじゃ。洗脳解《せんのうと》きたいからであるのぞ。嫌《きら》われ役いたすは、そなた可愛《かわい》いからぞ。親心であるのぞ。皆々、可愛《かわい》いからぞ。悪魔との戦《いくさ》は終わってるのじゃ。後《あと》は支配されてきた苦しみの残像《ざんぞう》、思い込み、癖抜《くせぬ》けぬ己《おのれ》との戦《いくさ》ぞ。皆々、己で己変えねばならん。そのままで良いと申す輩《やから》、無責任《むせきにん》な悪《あく》自由に取り憑《つ》かれておる者であるから気つけよ。己で己を変えたいと思わねば変われん。洗脳は解けぬのじゃ。声出して何度でも読み上げて下されよ。皆々変われるのぞ。

勘違《かんちが》いいいたすでないぞ。神示《しんじ》世に出すは、教団《きょうだん》作りて金儲《かねもう》け人儲けいいたすためではないのじゃ。そんなちょろこい靈団ではないのじゃぞ。神人《かみひと》、名上げたさに、金欲《ほ》しさに、この役引き受けておるのではないのぞ。世に真《まこと》伝えるが喜びである御魂《みたま》であるからぞ。世の元から皆に伝えるお役いたして来た大事な御魂《みたま》ぞ。何万年何十万年と、この地の民《たみ》に教え伝えてきた御魂《みたま》ぞ。人民には分からんなれど、分からんで良いのぞ。神人《かみひと》も悪魔らに苦しめさせられてきたなれど、伝えるには表《おもて》に出ねば伝えられず、表《おもて》に出れば悪魔に苦しめられ難儀《なんぎ》いたして参りたなれど、時来たゆえにますます次々◎《まこと》世に顕《あらわ》して、世の立て替え立て直しいたして参るから、皆々縁《えん》ある者たち集まりて力つけて、この国から正さねばならんぞ。真《まこと》伝える雛型《ひながた》、創《つく》らねばならんのぞ。神示《しんじ》表《おもて》に出して参るから、皆で読みなされ。声出して何度も何度も読んで、洗濯掃除《せんたくそうじ》いたされよ。この国も悪魔入《はい》りて、衣食住医政教《いしょくじゅういせいきょう》、何もかもしっちゃかめっちゃかにいたされてきたゆえに、真世《まことよ》の姿《すがた》に立て替え立て直しいたして参りますぞ。立て替えがいありますぞ。真人《まことびと》集まりて次々と真人《まことびと》となりて、皆々手合わせて大きな和、心の輪繋《つな》ぎおうて、神靈人《かみひと》共に立て替え立て直しいたして参るぞ。

人民よ、神々様日々《ひび》拝めよ。拝めばお力頂くぞ。神々と申しても人が作りた人神《ひとがみ》でないぞ。靈人《れいじん》らでないぞ。他《た》の星人《ほしびと》でないぞ。化《ば》け物でないぞ。偶像《ぐうぞう》ではないのぞ。自然、森羅万象一切《しんらばんしょういっさい》であるぞ。日月地星《ひつきちほし》であるのぞ。足元拝めよ。特にお土様、お水様拝めよ。日々《ひび》生かして下さっておる大切な神々様、拝んで暮《く》らせよ。教団教祖《きょうだんきょうそ》、要《い》らんのぞ。地の大神分御靈《わけみたま》、肉体様がお宮であるぞ。お身体《からだ》拝みなされよ。真《まこと》の教え、子供《こども》らに伝えて参りなされ。分かりやすく説いて聞かせて下されよ。人民よ、地のもの壊《こわ》すでないぞ。汚《よご》すでないぞ。殺すでないぞ。苦しませるでないぞ。奪《うば》い合うでないぞ。偽《いつわ》るでないぞ。苦しむでないぞ。ありがたく喜び頂《いただ》くのみぞ。神々様に日々《ひび》感謝いたして頂くのであるぞ。感謝いたすゆえに喜び念力《ねんりき》流れ来て、御魂《みたま》太るぞ。末代《まつだい》変わらぬ教えといたすぞ。世界に伝えて下されよ。皆々見ておるぞ。御魂《みたま》に刻《きざ》まれますぞ。良きこと悪《あ》しきこと、皆々己《おのれ》の心に刻まれますのじゃ。逃《のが》れられんぞ。靈人らも見られておるのぞ。御魂《みたま》の中から皆々見ておりますのじゃ。

死んで偉《えら》くなるものおらんのぞ。生きても死んでも御魂《みたま》であるぞ。靈も人も同じじゃ。仲間ぞ。仲良ういたされよ。靈団靈人好き勝手ならん、させん世に変わりたのぞ。人民を支配いたすは悪魔の教え。悪魔新たな真世《まことよ》におられんのであるから、悪魔の教えも世から無くなるのぞ。ゆえに人民に悪自由は無いのであるぞ。宇宙因果《うちゅういんが》の仕組みのみ。人民に自由奔放《ほんぽう》無いのであるぞ。今までのように好き勝手ならんのであるぞ。◎神世《まことかみよ》の仕組み、人に厳《きび》しく、うれしうれしたのしたのし、ありがたいありがたい、生き物みなみな喜ぶあり方、仕組みに変わるのであるぞ。真世《まことよ》の仕組み喜べる人民、真人《まことびと》ぞ。苦しく思えるのはまだ洗脳されておる残像《ざんぞう》でありますぞ。神人《かみひと》共に参りますぞ。まこと神に感謝いたし生きる者、皆々神人《かみひと》ぞ。神靈人《かみひと》ぞ。

二〇一六年一月九日　大日月地大神靈団《おおひつくおおかみれいだん》　人靈《じんれい》みなみな繋《つな》ぎ伝える。

十五

人民、悪《あく》自由ならんと申しておろうがな。何しても許《ゆる》されると申す教えは邪教《じゃきょう》ぞ。人民、甘《あま》い言葉に弱くて欲深《よくぶか》じゃから、苦しみ耐《た》えられんと申すなれど、悪魔《あくま》の囁《ささや》きは魅力的《みりょくてき》じゃが、皆々《みなみな》ますます苦しくなるだけぞ。今さえ良けりゃ良いと、刹那《せつな》に生きる道ではならんな。何選んでも因果《いんが》であるのじゃぞ。人民、日々《ひび》何選ぶか大事なのじゃ。食い過《す》ぎれば腹《はら》も痛《いた》くなる道理じゃな。節《せっ》するから喜び続くのぞ。幸《さち》みな分け合えるのぞ。

皆々見てみよ。己《おのれ》の自由じゃと申して御身体傷《みからだきず》つけ、魔物《まもの》のまねいたしておるぞ。人の身体《からだ》苦しめ続けておるぞ。金儲《かねもう》けいたすが幸せと申し、人騙《だま》して奪《うば》って洗脳《せんのう》いたしておるぞ。金《かね》出せばみな苦しもうが死のうが知らん、何いたしても己の自由ぞと申して、山川海の神々様の御身体《みからだ》汚《よご》し壊《こわ》し、食べ物飲み物何もかも奪っておるのぞ。人民の物にいたしておるのじゃ。生き物住処《すみか》奪われて、皆々嘆《なげ》き苦んでおりますぞ。人は悪魔じゃと申し恐《おそ》れておりますぞ。子供《こども》らには生きるために必要なのじゃと、善《ぜん》の仮面被《かめんかぶ》りて悪魔の教え植え付け続けておるぞ。人は何殺しても良いのじゃ、何食っても良いのじゃと申して、悪魔の僕《しもべ》となっておるのじゃ。

これまで世に遣《つか》わした聖人《せいじん》ら、皆々真《まこと》の教え伝えさせてきたが、悪魔の教えは申しておらんぞ。人民、騙《だま》されておるのじゃぞ。悪魔の僕《しもべ》らにすり替《か》えられた教え植え付けられて、まんまと操《あやつ》られておいでじゃ。悪《あく》自由ならんのぞ。悪多数決からは、悪魔に洗脳《せんのう》された僕《しもべ》ばかり世に出て、偉《えら》そうにいたすぞ。真《まこと》伝える者現《あらわ》れ出ても、金《かね》、色《いろ》、名《な》、体《からだ》、人《ひと》、弱み握《にぎ》られ抉《えぐ》られ操られるから、褌《ふんどし》締《し》め直して皆々手合わせて、賢《かしこ》く物事進めねばならんのじゃ。

世の立て替え立て直しに心勇んでお役に生きる人民、新たな世の臣民《しんみん》となるのじゃぞ。何もせず観《み》ておる人民、新たな世の臣民観《み》させて頂《いただ》きながら、一から生き方学ぶのじゃぞ。悪さいたして来た人民、別の星へとお移《うつ》りになりて、同じ学び何度も学ばせて頂くのじゃぞ。皆々それぞれに別れて納《おさ》まる所へ納まるから、うれしうれしたのしたのしじゃぞ。混《ま》ぜこぜならんのぞ。海のものと山のものは一緒《いっしょ》に暮《く》らせんのじゃ。靈性相応《れいせいそうおう》の仲間、場所、生き方、学びあるのぞ。それぞれ相応に別れて暮らすのじゃ。靈《れい》の世界も同様ぞ。靈も人も同じじゃと申しておろうがな。住んでおる世界の次元《じげん》、波動《はどう》、違《ちが》うだけのことぞ。御魂《みたま》の資質《ししつ》は死んでも生きておっても同じじゃぞ。

皆々うれしうれしたのしたのしかわるかわる、ありがたいありがたい世となる。日の出の神様、光、浄《きよ》めの力、頂けよ。良き氣《き》、吸《す》いなされ。悪《あ》しき氣《き》、吸い取って頂きなされよ。

神々様には、守《まも》り給《たま》え浄《きよ》め給《たま》え導《みちび》き給《たま》え、と何度でも申せよ。大日月地大神《おおひつくおおかみ》、日《ひ》の大神、月《つき》の大神、地《ち》の大神、星《ほし》の大神、水の神、火の神、土の神、雨の神、風の神、巌《いわ》の神、木の神、金《かね》の神、人の神、ありがたいありがたい、奉《たてまつ》りて下され。

二〇一六年一月十日　大日月地大神大靈団御靈《おおひつくおおかみおおれいだんおんたま》　伝える。神人繋《かみひとつな》ぐ。

十六

神示《しんじ》、八通《やとお》りに読めるぞ。人それぞれに受け取れるのぞ。御魂相応《みたまそうおう》じゃ。靈性《れいせい》相応に学べるのじゃぞ。己《おのれ》で考えてみよ。己、成長させてみよ。何度も声出して読みて、血肉《ちにく》に変えて下され。身魂磨《みたまみが》き出来るぞ。生き方変わるのぞ。読んで終わりではないのじゃから分かりくれよ。読み方変えてみよれ。見方変えてみよれ。一読んで十悟《じゅうさと》れよ。十《じゅう》読んで一深めよ。読んで腹《はら》に入れたら人様に聞いて頂《いただ》けよ。伝えるお役目出来るのぞ。聞いて頂く学び深めよ。聞いて頂ける者に成りなされ。神示、雛型《ひながた》じゃぞ。世に顕《あらわ》れますぞ。良く見えてきますぞ。本読んで娯楽《ごらく》で終わらせて下さるなよ。それでも良いのじゃが、神示活《い》かして下されよ。真《まこと》見極《みきわ》める力、つけて下され。言葉変えよ。生き方変えよ。真《まこと》喜びに変えられるのじゃぞ。臣民《しんみん》人民、絵空事《えそらごと》と思うて下さるなよ。神人遣《かみひとつか》いて書かせてあること、本物か偽物《にせもの》か議論《ぎろん》しておってはあまりに遅《おそ》いぞ。真《まこと》、腹に入れて動かねば、役に立たんな。身魂《みたま》磨かれておらぬゆえ、分からんのじゃぞ。それが答えぞ。分かる者は分かるもの。見極める力、身についておるから分かるのじゃぞ。分かる振《ふ》りでは成りすまし、嘘《うそ》つきぞ。成りすまし多いのう。人の心、良く見えておりますのじゃ。分からん者は、いつまで経《た》ってもあっちにふらりそっちにふらりの放浪癖《ほうろうへき》ぞ。腹決めて学ばねば、口ばかりの頭でっかちじゃな。生き方実らぬ、あてのない根無し草となりますぞ。

靈《れい》はおるかおらぬか、神はなんじゃかんじゃ申しておるが、赤子心《あかごごころ》で悟《さと》りなされ。いつまでも偽《いつわ》りばかり思い込《こ》まされて可笑《おか》しなことといたしておると、皆《みな》に笑われておること分からぬ裸《はだか》の王様ですぞ。多いのじゃぞ。神々様に捧《ささ》げると申して、何しておられるか。知らんとはゆえ、まるで悪魔《あくま》の僕《しもべ》にして下されと頭下げておりますぞ。人民、まだまだ騙《だま》されておるのぞ。人民、足元良く見て下され。足元固めよ。人様大事になされよ。縁《えん》あるのぞ。礼節《れいせつ》大切じゃぞ。貴《とうと》ぶ心の顕《あらわ》れぞ。思い伝わりますぞ。

二〇一六年一月十二日　大日月地大神大靈団《おおひつくおおかみおおれいだん》　共に伝える。

神人《かみひと》、お役目ご苦労であるぞ。良き流れになるのじゃぞ。心配無し。神仕組み、靈仕組み、人仕組み。あっぱれじゃ。花咲《さ》きに咲き、お見事じゃぞ。

十七

九分九厘《くぶくりん》の人民、何拝《おが》まされておるのじゃ。金《かね》集め人集めのお蔭信仰《かげしんこう》ばかり持てはやすそなたらは、我良《われよ》し愚民《ぐみん》となっておりますぞ。真人《まことびと》、皆々《みなみな》様の喜び祈《いの》るぞ。祈るとは感謝《かんしゃ》の思い込《こ》め生きることとぞ。己《おのれ》、喜びに誓《ちか》うことぞ。皆々様方共に喜び生きられる世となるため、己出来ることとさせて下されと誓うことぞ。人民出来ることは何かと申せば、皆々様貴《とうと》ぶことぞ。皆々共に生きることとぞ。分け合い生かし合うことぞ。我《われ》さえ良けりゃ良いと金《かね》出してお蔭《かげ》求める人民、我良し、魔《ま》の僕《しもべ》と成り下がっておるぞ。金さえ出せば何でも得られると思うは、神々や靈人《れいじん》を小間使《こまづか》いにいたしておるのじゃ。

真《まこと》の神には感謝のみぞ。日々《ひび》生かして下さっておること深く感謝申して、ありがたく生かさせて頂《いただ》くのみじゃ。神、靈《れい》にはまこと清らかな喜びを捧《ささ》げるのぞ。感謝を捧げるのぞ。物は要《い》らんのじゃぞ。良いか、人民ばかりの喜び求めて下さるなよ。己《おのれ》ばかりの喜び、我良《われよ》し、恥《は》ずかしきことぞ。獣《けもの》、虫けら、草木に至《いた》るまで、皆々必要であるから生きておるのじゃぞ。海の物、山の物、川の物、土の物、この地に生きるすべての物、喜ぶ世にいたすのじゃぞ。時来たゆえ厳《きび》しく申すぞ。人民、悪《あく》自由に慣《な》れ過《す》ぎて、◎神《まことかみ》、靈《れい》の言《こと》に耳貸《か》さぬゆえ、ますます苦しむのぞ。

人民、もう壊《こわ》すでないぞ。汚《よご》すでないぞ。奪《うば》い合うでないぞ。苦しめるでないぞ。人民の物何一つ無いのじゃから、好き勝手いたす世は終わりにいたすのぞ。悪魔《あくま》の教え、仕組み無くいたすぞ。次々に世に顕《あらわ》すから見ておざれ。悪《あく》の世、崩《くず》れてゆくぞ。世始まってない新たな世とは、神の世じゃ。悪魔棲《す》めぬ、神の世じゃ。光充ち満《み》つ神の世じゃ。喜びの仕組みで治《おさ》める神世《かみよ》であるのじゃから、人民、悪自由もう出来んのであるぞ。

人民、都合よく勘違《かんちが》い取り違《ちが》いいたすでないぞ。感謝いたし殺して食うならば、人民何食うても良いのじゃと申す魔の教え、邪教《じゃきょう》であるぞ。教え説く者も魔に操《あやつ》られておいでじゃ。色《いろ》に金《かね》に人に欲眩《よくくら》んで、真《まこと》分からんか。ようく目見開いて、世の中見てみなされ。海も山も川も皆々、獣《けもの》ら地から消されておるぞ。日々《ひび》もがき苦しみ人民らに殺されて、靈となりて訴《うった》えておるぞ。助けてくれと鳴いておるぞ。人民には聞こえぬか。苦しみ訴える獣《けもの》らの叫《さけ》び、聞こえぬか。聞こえぬまで靈質《れいしつ》堕《お》ちておるぞ。

人民、いつまでも偶像《ぐうぞう》崇《あが》めなさることは止《や》めて下されよ。哀《あわ》れであるぞ。人がこしらえた土像《どぞう》、石像《せきぞう》、木像《もくぞう》拝《おが》んでも、何のご利益《りやく》も無いのであるぞ。皆々騙《だま》されておるぞ。人集め金集め洗脳《せんのう》いたす教え、拝めば救われる、得する、病《やまい》治《なお》ると好き勝手嘘《うそ》申して、邪教ぞ。我《われ》の神様仏様拝めば死んであの世で救われると申し、人民洗脳いたし、あれ戒律《かいりつ》じゃ、これ儀式《ぎしき》じゃ、それ儀礼《ぎれい》じゃ、金《かね》じゃ金じゃ金集めよと締《し》めつけ、悪魔のやり方まね事させて、己らの教団《きょうだん》、靈団《れいだん》大きくすることばかりぞ。可笑《おか》しなことさせられて可笑《おか》しな者となっておりますぞ。まだ分からぬか。目醒《さ》ましなされ。

真《まこと》の神拝《おが》むに儀式儀礼はないのであるぞ。形にこだわらんで良いのじゃぞ。場所も時間も関係ないのであるぞ。拝みたい時に拝めば良いぞ。おのおの神靈《しんれい》に感謝《かんしゃ》いたし、すべて貴《とうと》び生きるのみじゃ。皆々様に頭下げて暮《く》らすのみじゃ。神に授《さず》かっておる肉体拝んで、ありがたく使わせて頂くのみじゃ。肉体生かして下さる自然、森羅万象《しんらばんしょう》、生き物すべてに感謝いたし生きるのぞ。感謝いたせばいたすほど、喜び流れ来るぞ。無限《むげん》に無償《むしょう》の喜び頂けるのじゃぞ。まことの身魂磨《みたまみが》きぞ。御魂《みたま》太りて輝《かがや》くぞ。まことお蔭《かげ》は感謝いたすのみぞ。祝詞《のりと》も経《きょう》も呪文《じゅもん》も要《い》らんぞ。どれだけ唱《とな》えても堂々巡《めぐ》り、思い込みだけの世界じゃ。

腹《はら》からの言葉で感謝申せよ。思いで通ずる世界でありますぞ。今のお蔭信仰《かげしんこう》、人集め金集め目的がほとんどでありますぞ。狐《きつね》じゃ蛇《へび》じゃ犬じゃ烏《からす》じゃ獅子《しし》じゃと、動物靈崇《あが》めて下さるなよ。神々の遣《つか》いでも何でもありませんのじゃ。人は獣《けもの》の僕《しもべ》と勘違《かんちが》いいたしますぞ。魔物《まもの》に使われておる靈多いから気つけよ。人民、靈力欲《れいりょくほ》しさに修行《しゅぎょう》じゃと申して、肉体苦しめる教えは邪教であるぞ。靈性《れいせい》低き仙人靈憑《せんにんれいかか》りては、奇跡《きせき》、力、見せびらかすぞ。靈見えても聞こえても、何の奇跡起こせても、何も偉《えら》くはないのじゃぞ。我《われ》は特別じゃと見せつけ優劣《ゆうれつ》に浸《ひた》る、ただの我良《われよ》し鼻高天狗《はなたかてんぐ》ぞ。悪魔の力《ちから》比《くら》べと変わらんぞ。

真《まこと》の修行は他《た》のために生きることぞ。皆々様方をゝ言《まこと》で喜ばす生き方することぞ。人民、⦿《まこと》の教え頂けよ。求めれば得られるぞ。頭下げて頂けよ。頂くには頂き方あるのぞ。頭でっかち口ばかりのお偉《えら》いさんに、成り下がって下さるなよ。知識《ちしき》に溺《おぼ》れる御魂《みたま》多いぞ。知識ひけらかすは恥《は》ずかしきことぞ。偉ぶるなよ。喜び離《はな》れてゆくぞ。頂いた知識は皆々様方のために使わせて頂けよ。ありがたく活《い》かさせて頂くのぞ。

そなた口数多いから嫌《きら》われるのじゃ。己《おのれ》出来ておらんのに申すから嫌われるのぞ。まずは何も言わず行えよ。己出来たら人様にありがたく聞いて頂くのぞ。相手に聞いて頂き、己改めて省《かえり》みさせて頂くのじゃ。整理整頓《せいとん》させて頂き、学ばせて頂くのぞ。言うのではないのじゃぞ。聞いて頂くのぞ。己の言葉を聞いて頂く心を育《はぐく》めよ。伝える学びじゃ。お伝えさせて頂く大事な学びじゃぞ。

この神示《しんじ》、人民、靈人《れいじん》、皆々様方に申しておるのじゃぞ。皆々声出して読んで腹に入れなされ。神示、声出してお付きの靈人様方にも聞かせてくれよ。魔物らにも聞かせてくれよ。皆々共に変われるぞ。苦しむでないぞ。ありがたく頂くのぞ。楽に変われるのぞ。世、変わるのじゃ。うれしうれしたのしたのしじゃな。あっぱれあっぱれ、新たな役目頂きますのぞ。

うるうるう。おろおろお。えみためえみため。あっぱれ、お役目成就《じょうじゅ》いたしますぞ。

二〇一六年一月十二日　大日月地大神大靈団御靈《おおひつくおおかみおおれいだんおんたま》　集《つど》い申し繋《つな》ぐ。神人《かみひと》、ありがたいありがたい。

十八

皆々《みなみな》変えて参るぞ。意識《いしき》から変えるのじゃ。悪魔憑《あくまか》れぬ身魂《みたま》に変えるのじゃ。悪魔、地《ち》に関われぬようになったのじゃ。次々に改心させ、他《ほか》の星へ移動《いどう》させておるのじゃぞ。悪魔の僕《しもべ》となりておった者も改心させておるのじゃ。洗脳解《せんのうと》かねば目覚《めざ》めぬゆえ、神示《しんじ》出して皆々に読ませるのぞ。声出してみな読みなされ。憑《つ》き物改心いたすぞ。祓《はら》い浄《きよ》めとなりますぞ。言靈顕《ことたまあらわ》れ、我《われ》ら靈団守護《れいだんしゅご》付けさせ、改心させますのぞ。宇宙視《うちゅうみ》廻《まわ》る大靈団《おおれいだん》ゆえ、ちょろこい靈団、悪魔らは歯も立たぬのぞ。大人《おとな》しく堪忍《かんにん》いたせよ。それぞれ御魂相応《みたまそうおう》に変えて参りますのぞ。世に堕《お》ちておりた御魂蘇《みたまよみがえ》らせ、世の立て替《か》え立て直しに遣《つか》うぞ。世も末と諦《あきら》め死ぬより他《ほか》ないと申しておるなれど、神世《かみよ》はこれから始まるのぞ。終わりの終わりに近づいてから、ようやく神力《かみちから》顕れますのじゃ。人民皆々改心させるには、苦しみ必要であったのじゃ。見聞きさせ味わわせねば、人民真分《まこと》からんから、苦しみ逃《のが》れられんのじゃぞ。

真人《まことびと》、辛抱《しんぼう》して下さり礼申すぞ。そなたら力添《ちからぞ》えいたすから安心いたせよ。すべて段取《だんど》りいたして仕組み通りであるから、世の立て替え立て直し間違《まちが》いないのじゃぞ。今は、靈《れい》と人の立て替え立て直しじゃ。悪《あく》自由、洗脳外《はず》して参る大仕事ぞ。人民遣《つか》いてお役目させて、お蔭《かげ》取り得《どく》じゃ。心勇んで世直しいたす喜びに生きて下されよ。守《しゅ》護靈団《ごれいだん》皆々お力添《ちからぞ》えいたすから、「大日月地大神大靈団御靈《おおひつくおおかみおおれいだんおんたま》、守《まも》り給《たま》え浄《きよ》め給《たま》え導《みちび》き給《たま》え」とお声掛《こえが》け下されよ。この靈団、地の祓《はら》い浄《きよ》めいたす役目で参ったから、悪《あく》改心させ検挙《けんきょ》いたすのぞ。悪自由に慣《な》れさせられた人民には厳《きび》しく思えるであろうなれど、真《まこと》の神世《かみよ》とは厳しくもありがたい、うれしうれしたのしたのし世であるのじゃから、人民、新たな世に慣《な》れるより他《ほか》ないのぞ。時代が替わるとは新たなもののあり方に慣れることじゃ。これまでも変わって来たのであるが、悪魔らの世に変えさせられて来たのであったからますます苦しくなりて来たなれど、これからは神世《かみよ》にいたすのであるから、ますますありがたくなって参るのであるぞ。

人民の考えからひっくり返すのであるぞ。物無くいたすのであるぞ。物要《い》るだけあれば良い世にいたすのぞ。質《しつ》良くなりますぞ。人少なくいたすのであるぞ。天変地異《てんぺんちい》、暫《しばら》く激《はげ》しくなりて、また穏《おだ》やかになるのぞ。人殺《ころ》し生き物殺す者、苦しめる者は、無くいたすのぞ。物溢《あふ》れ金《かね》溢れ偉《えら》そうにいたして来た人民、皆々地に手ついて皆々様方に詫《わ》びねばならん時来るぞ。皆から奪《うば》いみな苦しめてきたこと、改心させねばならんのであるぞ。食えず飲めず住めず、もがき苦しむ人民溢れておるに、我良《われよ》し金儲《かねもう》け物儲け人儲けばかりの悪魔の僕《しもべ》らは、皆々手ついて皆々様に詫《わ》び入れさせ、もういたしませぬと誓《ちか》わせてから、次の学びさせるのぞ。方便ではないぞ。そういたすのであるから覚悟《かくご》いたせよ。

艮金神《うしとらのこんじん》とは世の立て替え立て直しの神、世の元《もと》からの生き神、大日月地大神《おおひっくおおかみ》のことであるのぞ。真《まこと》の教えでまとめる、神世《かみよ》生む神ぞ。地《ち》の大神ぞ。人となり靈団となり、山川海となり、風になり星になり草木となりて、世を視《み》て来たのぞ。神仕組みに一厘《いちりん》の狂《くる》いもない。人民靈人《れいじん》皆々改心させ、世変える仕組みいたしておるのじゃ。何十億年も、人この地に入《はい》りて人の世創《つく》りて来たなれど、何度も堂々巡《めぐ》りいたして来たなれど、いよいよ真《まこと》の世に練《ね》り直し、他《た》の星々の方々にもお見せいたして参るから、目覚《めざ》めた人民、恥《は》ずかしくない立派《りっぱ》な地の民《たみ》となられた姿《すがた》、見せて参りますのぞ。

地はこれまで五度の大立て替えいたして今に至《いた》るが、人民、今の姿は何百万年ぞ。獣人《けものびと》から他所《よそ》の星の人々掛け合わせお創《つく》りいたした肉体でありますから、地の人民のご先祖《せんぞ》様方は天《てん》の宇宙《うちゅう》におられますのじゃぞ。皆々様方見守りながら手助けいたして参りましたのじゃ。悪魔の僕《しもべ》となっておりた天使様方もありましたが、すべて宇宙の靈団、これまでの経緯《けいい》調べに調べて参りましたのぞ。神人《かみひと》、靈団の調査員《ちょうさいん》として、これまでも地の民《たみ》として調べさせ、報告《ほうこく》させてきた御魂《みたま》じゃ。本人も知らぬうちから、すべて宇宙全土に情報廻《じょうほうまわ》っておりましたのじゃ。ちゃんと身体《からだ》に埋《う》め込《こ》んでありますのじゃ。骨の中に埋め込んで、誰《だれ》も取れぬようにいたしておりましたのじゃ。

健仁《たけひと》、分かるように分からせても来ましたのじゃぞ。靈媒《れいばい》として、この地の靈界《れいかい》も現界《げんかい》も情報集めいたし、色々調べて参りましたのじゃ。どの星の方々が何いたして来たかも皆々調べ、常《つね》に対策《たいさく》を講《こう》じて参りましたのじゃ。先のこと見えぬゆえ案ずるなれど、ここに来て申すは世の立て替え立て直し進んでおるゆえ、一つ一つ教えられるのぞ。健仁《たけひと》、後々《あとあと》すべて教えると申しておったのぞ。あれから十五年であるな。よくここまで辛抱《しんぼう》して下さった。お変わり下さり、お役目勤《つと》め上げて下さった。あっぱれじゃ。この道一人であるなれど一人でないと申して来たこと、嘘《うそ》ではなかったであろうに。靈人靈団《れいじんれいだん》、他《た》の星の方々、地の人々、皆々そなたのお力添《ちからぞ》えいたして参りましたぞ。約束守りましたぞ。これで分かりて下さったか。疑《うたが》うのも無理ないなれど、苦しみ続けて来たゆえ染《し》み着いてしまった疑念《ぎねん》じゃ。許《ゆる》せよ。神、靈、皆々より褒美《ほうび》取らすから、溢《あふ》れんばかりの喜び授《さず》けて参るから、愉《たの》しみにいたして下され。これからご縁《えん》ある良き御魂《みたま》、世界中から引き合わせ、うれしたのし歌わせて参りますぞ。皆々様方と仲良う新たな世を奏《かな》でて下され。あっぱれじゃ、誠《まこと》あっぱれじゃ。伝えるお役目、見事いたした。

この神示《ふで》世に出して、世界中の人々に分かりやすく読めるよう形にいたして下されよ。世を変える元となる神示《ふで》じゃ。この日《ひ》の本《もと》から光出すと申して来たであろうに。分かる者分かるのぞ。それぞれ作るお役、伝えるお役、広げるお役、変えるお役、無くすお役、残すお役あるぞ。神人健仁《かみひとたけひと》、神示《ふで》降《お》ろすお役、伝えるお役、浄《きよ》め広げるお役であるぞ。まだまだこれから続くのぞ。神示《ふで》ここより他《ほか》に出さぬから皆に申しておくぞ。成りすまし神靈人《かみひと》多いから、皆々己《おのれ》恥《は》ずかしくなりますぞ。紛《まぎ》らわし者、消えて参りますぞ。見極《みきわ》めよ。世にある教え古き教えぞ。新たな教え説くから聞きなされよ。

時代に応《おう》じた教え伝えて参ったのじゃ。聖人遣《せいじんつか》いて申して参ったのじゃ。じゃが、悪魔の僕《しもべ》らにワヤに掛けられ、教え真《まこと》と嘘《うそ》を混《ま》ぜこぜにいたし、滅茶苦茶《めちゃくちゃ》にされましたのぞ。悪魔の儀式儀礼《ぎしきぎれい》、洗脳《せんのう》に嵌《は》められ、人民、僕《しもべ》とさせられましたぞ。人殺《ころ》し獣《けもの》殺し、肉食らい血杯《ちさかずき》交《か》わし、悪魔の容《い》れ物となりて地を支配《しはい》いたしておりましたのじゃ。人民、見えん聞こえん知らされんから上《うわ》の空であるが、作り話ではなく真《まこと》の話であるのぞ。ますますこれまでの真《まこと》の歴史、表《おもて》に出して人民目醒《さ》まさせて参りますから、衣食住医政教《いしょくじゅういせいきょう》、すべて変えて参りますぞ。世の立て替え立て直しいたしたい心勇む人民、お蔭《かげ》取り得《どく》、皆々に手柄《てがら》立てさすぞ。縁《えん》ある所から変えて参りなされ。仲良う仲間手組んで進めなされ。あっぱれお役目ぞ。金《かね》の世、我良《われよ》しの世、終わらせるのじゃぞ。末代《まつだい》うれしたのし、皆々喜ぶ世の仕組み、創《つく》り替えるのじゃぞ。

二〇一六年一月十三日　大日月地《おおひつく》大神《おおかみ》大靈団《おおれいだん》　唄《うた》い踊《おど》る。あっぱれあっぱれじゃ。

十九

愚民《ぐみん》が選ぶ者は愚民ぞ。金《かね》に支配《しはい》される者選ぶは、金に支配されている者であるぞ。選ばれた者、悪く申すなよ。選んだ者、皆々責任《みなみなせきにん》あるのぞ。皆々情報占拠《じょうほうせんきょ》されておるぞ。見える聞こえるもの真《まこと》であるかな。真《まこと》、見聞き出来ておるかな。人民、見極《みきわ》める力あるかな。真《まこと》と嘘《うそ》と混《ま》ぜこぜいたして見聞きさせれば、人民訳《わけ》分からなくなりて、数に従《したが》うようになるのぞ。悪魔《あくま》のやり方ぞ。人民選んだ者で政《まつり》いたせば治《おさ》まると申すが、選ばれた者を意のままに操《あやつ》る者らがあること理解《りかい》せねば、いつまで経《た》っても堂々巡《めぐ》りじゃな。政《まつり》とは神、靈《れい》、共にでなければ真《まこと》の政《まつり》は出来ぬのぞ。元《もと》の元の元の世は、神、靈、共に政《まつり》いたし、人民、真《まこと》の教えに生きておりたのであるから、皆々うれしうれしたのしたのしであったのぞ。悪魔、地に入《はい》りて好き勝手いたすようになって、数万年の間に乗っ取られてしまったのであるぞ。

今の人民分からんのも無理ないなれど、世を治めるとは力ある者支配することであるが、力を人民のために使える者か、己《おのれ》らのために使う者かで、世は善《ぜん》にも悪《あく》にも変わるのじゃ。今までの人民の世は、己らさえ良ければ良いと力見せつけ奪《うば》い取る仕組みいたす、悪魔の政《まつり》の世であるのぞ。人民の思考は、簡単《かんたん》に操ること出来るのであるぞ。何事も靈の世界からと申しておるであろうに。靈の世界は神の世界から流れて来るのぞ。無い事にも順あるのであるぞ。悪魔はずる賢《がしこ》くそのことよく分かっておるから、皆《みな》に分からんように蔭《かげ》に隠《かく》れて、人民靈団靈人《れいだんれいじん》皆々操りて、仕組みから逃《のが》れられぬよう契約《けいやく》させ、奴隷《どれい》、僕《しもべ》にいたして来たのじゃ。人民自《みずか》ら望んでそうして来ておるのじゃと、悪魔は言い逃《のが》れいたしてきたなれど、何万年も神人遣《かみびとつか》いてすべて調査《ちょうさ》いたして来たゆえ、御魂《みたま》にすべて刻《きざ》んであるぞ。靈、人申したこと御魂《みたま》に刻んであるから、証拠《しょうこ》であるから、言い逃《のが》れ出来ないのであるぞ。嘘《うそ》つくでないぞ。見透《みとお》しであるぞ。

分からぬ振《ふ》りいたしておるだけじゃ。

人民靈人、嘘《うそ》はばれぬと思っておるが、神、靈の世界ではすべて映《うつ》されて参るのぞ。己《おのれ》で映す仕組みであるのぞ。鏡磨《かがみみが》け、御魂《みたま》磨け、言葉磨けとはそのことぞ。嘘偽《うそいつわ》りで曇《くも》りておるぞ。損得勘定《そんとくかんじょう》ばかりで洗脳《せんのう》された人民、善《ぜん》の仮面被《かめんかぶ》りて腹黒《はらぐろ》く、御魂《みたま》の鏡曇りておるのぞ。どうじゃ、そなた嘘つきではないかな。腹、白いかな。他《た》のために己喜び勇んで生きられておるかな。皆々映し出されるのぞ。人民靈人でも分かる人は見て分かるのぞ。分からぬ振りをして下さっておるだけじゃ。嘘に付き合って騙《だま》されてあげておるのぞ。恥《は》ずかしいことじゃな。

今の人民、九分九厘《くぶくりん》、身魂《みたま》曇りておるぞ。悪魔に騙されて、まんまと損得勘定、我《われ》良《よ》しの愚民《ぐみん》に成り下がっておいでじゃ。この神、靈団は、人民のご機嫌《きげん》取りはいたさぬのじゃぞ。皆々学ばさせ苦しめ改心させる、怖《こわ》くもありがたい神、靈団であるのぞ。ゆえに人民厳《きび》し過《す》ぎると嫌《きら》うのも無理ないなれど、悪《あく》自由に慣《な》らされてしまっておるからであるのぞ。悪自由は一部の者たちにとっては都合のよい教えであるなれど、持続出来ぬ、地を蝕《むしば》む猛毒《もうどく》であるぞ。してはならんことは、してはならんのじゃ。分からぬ者は苦しみ通して学び、改心いたさねばならんのじゃ。ゆえに苦しめるのぞ。損得勘定、八方美人《はっぽうびじん》の腹黒《はらぐろ》い人民、靈人殿《れいじんどの》、何もかも自由じゃ、すべては許《ゆる》されると申して、人民のご機嫌《きげん》取りばかりいたしておるが、世の中を悪くいたしておるのはそなたらの悪自由弁論《べんろん》であるのじゃぞ。まだ分からぬか。悪魔の教えに洗脳《せんのう》された、悪自由唱《とな》える立派《りっぱ》な僕《しもべ》として遣《つか》われておるのじゃぞ。それを善の仮面被《かぶ》った悪と申すのじゃ。己は善じゃ、皆のためじゃ、皆に認《みと》められておるのじゃと申すが、悪魔の僕《しもべ》となっておる人民じゃぞ。皆々目醒《さ》まさせるお役ゆえ、厳しくくどう申し嫌われ役いたすぞ。

砂糖《さとう》ばかり食べさせ太らせて、人民を万病《まんびょう》にいたすは悪魔の教え。人民自《みずか》ら願っておるから与《あた》えておるのじゃ、人民に神として崇《あが》められておるのじゃ、何が悪いかと悪魔は大きい顔して笑っておるが、甘《あま》い言葉に人民あまりに弱いから、弱み握《にぎ》られ抉《えぐ》られるのであるぞ。真《まこと》の神の教え、砂糖は少ししか与えんぞ。苦《にが》くて渋《しぶ》くて辛《から》い物、次々食べさせるぞ。分かりたか。真《まこと》の教え血肉《ちにく》にいたし、世に広めて下されよ。真《まこと》の喜び悟《さと》りたなれば、皆々手分けいたして人民の洗脳解《と》いていって下され。悪魔は降参《こうさん》いたし、次々詫《わ》びていなくなっておるから、後《あと》は人民に染《し》み付いた癖外《くせはず》すだけであるぞ。難儀《なんぎ》であるから時間掛《か》かるなれど、真《まこと》の教育いたせば、真人《まことびと》となる人民ばかりぞ。それぞれに分かりやすく説いて聞かせて下されよ。

新たな世にいたして参るとは、人民皆々手分けいたして、皆々に手柄《てがら》立てさして、政《まつり》からすっくり変えて参るのじゃぞ。これまでの宗教《しゅうきょう》も無くいたすぞ。争いの元じゃ。金《かね》も無くしてゆくのぞ。ただの紙切れ、金属《きんぞく》ぞ。皆々世界中で分け合う仕組みいたすのじゃ。有る所は無い所へと分けるのじゃ。皆々食べられるように生きられるように、何もかも分け合う仕組みいたすのじゃぞ。獣《けもの》、虫けら、草木に至《いた》るまで、必要であるから生きておるのじゃから、生かさねばならんのじゃぞ。人民、今までのように壊《こわ》し汚《よご》し殺すでないぞ。悪自由ならんぞ。新たな世の法であるぞ。

これ以上どうにもならん所まで、地《ち》の大神耐《た》えに耐えて来られたのじゃから、人民皆々地に手ついて深くお詫《わ》び申して、日々《ひび》感謝《かんしゃ》いたし暮《く》らさねばならんぞ。地の大神、人民生かす親神《おやがみ》であるから、今までのように懐手《ふところで》いたして、己《おのれ》の物じゃと申す慢心《まんしん》はもう許《ゆる》さぬのぞ。覚悟《かくご》いたされよ。地の靈団靈人《れいだんれいじん》皆々、悪《あく》自由悪戒律《かいりつ》、悪儀式儀礼《ぎしきぎれい》、偽《いつわ》りの教えで人民支配することならんぞ。人民を僕《しもべ》といたして、己らの好き勝手にいたすこともうならんぞ。そなたらも生まれ変わりて学ばせて頂《いただ》けよ。靈主体従《れいしゅたいじゅう》ではあるが、靈人の下に人民あるということではないのじゃぞ。靈人、人民の上《カミ》、かみ、神ではないのじゃ。友ぞ。共にぞ。同じ御魂《みたま》ぞ。分かりたか。

崇《あが》めさせることならん。恥《は》ずかしきことであるぞ。勘違《かんちが》い取り違《ちが》いいたすでないぞ。拝《おが》まねば祟《たた》ると申すは、邪靈《じゃれい》ぞ。慢心多き低き御靈《みたま》であるぞ。人民いつまでも可笑《おか》しな儀式儀礼に拘《こだわ》るなよ。怖《おそ》れ外してみなされ。棄《す》てなされ。棄てれば真摑《まことつか》めるぞ。両手偽《いつわ》り握《にぎ》りしめておるぞ。もう怖《こわ》がらんで良いぞ。守護靈殿《しゅごれいどの》、まこと力持ちて導《みちび》くぞ。何事も靈の世界から物事始まりて、因果《いんが》として人の世に流れておるぞ。靈の世正《ただ》されねば、人の世喜びに変われんのじゃ。真《まこと》の喜び与えて貴《とうと》ばれる靈人となりなされ。何でもかんでも与える靈人、真《まこと》ではないぞ。力で締《し》め付けるやり方も邪靈《じゃれい》、魔物《まもの》ぞ。分かりたか。

地の大立て替《か》え立て直しとは、地の靈人、肉体人、皆々考え方改めさせ、真《まこと》の教え学ばさせ、神世《かみよ》に生かすこと申すぞ。悪の科学、無くいたすぞ。生き物皆々苦しめる元、地から無くいたすぞ。皆々喜び、神世《かみよ》には要《い》らん物無くいたすぞ。何が要《い》るか要《い》らぬか。人民、皆で話しおうて下され。真《まこと》を悟《さと》らねばならん。悟るには要《い》らんもの棄《す》てねばならん。これからの学びは新たな世、皆で創《つく》ることぞ。まだまだ神示《しんじ》出すぞ。皆で手分けいたし世に広めて下され。縁《えん》ある者次々集まりて、お役目いたしなさるぞ。この世でいたす真《まこと》お役目、あっぱれじゃ。喜びの花咲《さ》かせ下され。そなた咲かすまこと美し喜びの花、観《み》ておるぞ。お力添《ちからぞ》えいたすぞ。

ありがたやありがたや。人民、ありがたく可愛《かわ》い可愛《かわ》い、新たな世の真人《まことびと》と成りなるお仕組み。

うるうおう。あっぱれあっぱれ花咲く。

二〇一六年一月十五日　大日月地大神大靈団御靈《おおひつくおおかみおおれいだんおんたま》　唄《うた》え踊《おど》れ伝えよ。皆々笑う世となるぞ。

二十

靈人《れいじん》でも、分からぬ者は分からぬもの。生きていた時代に洗脳《せんのう》されておるゆえのことじゃ。そなたの時代と昔の時代と大昔の時代とは、すべて違《ちが》うであろう。時代に応《おう》じた考えに浸《ひた》っておったのでは、話が合わなくなるものじゃ。分からぬ者は、己《おのれ》の時代の考え方が間違《まちが》っておらぬという思い込《こ》みにおるか、己の考え方が狭《せま》いということに気づいておらぬか、未来の時代を知らぬか、己そのものが死んだことを分かっておらぬかじゃ。人でもおるな。分からぬ者は分からぬ理由がある。己の考え方が間違っておらぬと思い込んでおるか、己が変わることに魅力《みりょく》を感じられないか、相手に合わせたくないかじゃ。いずれも変わらぬ者は変わらぬ。いや、生きておるうちは変わるのに時間が掛《か》かるということ。ゆえに変わりたいと思う者から順に変わってゆくものじゃ。

縁《えん》ある者、集まって来る者、大切になされ。どんどん変わって参りますぞ。うれしうれしたのしたのしかわるかわる。あっぱれ手柄《てがら》立てさすぞ。お役目いくらでもありますぞ。真人《まことびと》、溢《あふ》れて参りますぞ。後《あと》ゆくほどに嬉《うれ》しくて笑い溢れて参りますぞ。変わるには変わるための覚悟《かくご》や苦しみつきものじゃが、まこと生き方、後《あと》になるほど楽しくなりますぞ。仲間増《ふ》えますぞ。まこと絆《きずな》深まり、縁《えん》広がりますぞ。これからの世の立て替《か》え立て直し、みな共に歩む道。一人歩きは寂《さび》しいゆえ、縁ある者、共に進みなされ。これからの道は励《はげ》まし合うこと、導《みちび》き合うこと、認《みと》め合うこと、大切にいたすこと。己助ける仲間じゃ。数まだまだ増《ふ》えるぞ。縁繋《つな》いで参るから、心待ちいたせば良いぞ。

靈人みな変わる。靈人変わるゆえに、肉体人変わるのぞ。変わる順番ありますぞ。変わるには変わるための学び要《い》りますぞ。変わらぬのは変わらぬ理由ありますぞ。変われぬゆえに変われぬのぞ。分からんのは分からんなりの理由ありますのぞ。分かる時来れば分かるのぞ。靈《れい》も人も、皆それぞれに必要な学び経験《けいけん》いたすこと、与《あた》えられますのじゃ。お偉《えら》いさん、鼻《はな》折れますぞ。知識《ちしき》、邪魔《じゃま》いたして苦しみますぞ。無駄《むだ》な知識、手放《てばな》せよ。しがみつくなよ。執着《しゅうちゃく》いたすな。変われぬ元《もと》ぞ。世は変わりておるぞ。大きく変わるのぞ。人間の科学、知識小さいぞ。悪《あく》に縛《しば》られた知識、科学、仕組み、習《なら》わし、捨《す》てなされ。捨てれんのは、己《おのれ》洗脳されておるからぞ。毒食って旨《うま》い旨いと笑って死ぬでないぞ。愚《おろ》か者ぞ。何しても許《ゆる》されると申す教えは捨てなされ。悪《あく》魔《ま》の教えぞ。

人が造《つく》った化《ば》けもの拝《おが》むなよ。人造《つく》った神《かみ》、仏《ほとけ》、拝んでも何にもならんぞ。芸の肥《こ》やしで人騙《だま》すでないぞ。偶像《ぐうぞう》は偶像であるのぞ。絵に描《か》いた餅《もち》じゃ。人描《か》いた絵、拝んでもご利益《りやく》無いぞ。人造《つく》った像、拝んでも病治《やまいなお》らんぞ。騙されやすい人民ばかりじゃな。金儲《かねもう》け人儲け、騙し放題笑い放題の世じゃ。ずる賢《がしこ》い者、これから落として参りますぞ。覚悟《かくご》いたせよ。もう何しても許されんのぞ。真《まこと》申す神《かみ》、仏《ほとけ》は、人脅《おど》すようなことは申さぬと能書《のうが》き申す輩《やから》おるが、脅《おど》さねば分からぬ所まで堕《お》ちてしもうた世に生きておるゆえ、分かるように御魂相応《みたまそうおう》申し聞かせておるのじゃから、腹括《はらくく》れよ。ありがたく思える者は思えるものぞ。思えんのはそなた偽善《ぎぜん》そのものじゃからぞ。都合のよい神《かみ》、仏《ほとけ》、天使《てんし》ばかり拝むなよ。人の都合に合わせて動く者、真《まこと》の働きなさらんぞ。可愛《かわい》い人民とて分からん者は分かるように、身《み》の丈《たけ》に合った学びさせて、練《ね》り直して改心させ、遣《つか》うのぞ。そなたらが申して来た神《かみ》、仏《ほとけ》、天使《てんし》は、靈ぞ。靈団《れいだん》ぞ。色々あるぞ。御魂《みたま》相応であるぞ。御魂《みたま》に刻《きざ》まれておるぞ。隠《かく》せんのぞ。脅《おど》しではないぞ。指導《しどう》であるぞ。

真《まこと》教えられる者、まだまだ数足らんぞ。真《まこと》教える者増《ふ》えねば、世は変わらん道理じゃ。人民のご機嫌《きげん》取りばかりじゃ。金儲《かねもう》け人儲け、お人好しの八方美人《はっぽうびじん》ばかりじゃ。嫌《きら》われ役あっぱれじゃな。ひっくり返りておるのじゃぞ。ますますひっくり返るのじゃぞ。お偉《えら》いさん方、いよいよ恥《はじ》かかせて参りますぞ。これまで嘘《うそ》ついて人民騙しておりました、お許し下さいと詫《わ》びなされよ。知らなかったとは逃《に》げられんぞ。潔《いさぎよ》く無知であったと認《みと》めなされよ。弱虫の僕《しもべ》となりて偽善《ぎぜん》いたしておりましたと、人民に詫《わ》びなされよ。詫びた者から変わりますぞ。新しお役目与えて、手柄《てがら》立てさせますぞ。因縁浄化《いんねんじょうか》、御魂《みたま》相応にさせますぞ。大靈団《おおれいだん》みなみなお力添《ちからぞ》えいたすゆえ、頭下げて参れよ。嘘《うそ》はつかぬぞ。方便の世は終わっておるのじゃ。あっぱれ改心改進快心《かいしんかいしんかいしん》じゃな。♀冂《ヒトガミ》要《い》らんぞ。♀卍《ヒトボトケ》も要《い》らんぞ。人造《つく》った化《ば》けもの、みな要《い》らんぞ。分かりたか。靈《れい》界《かい》も人間界も要《い》らぬものは無くいたすのじゃ。何、要《い》らんか、皆々共に考えなされよ。要《い》らんものばかりじゃなあ。あっぱれあっぱれ、雪降《ふ》らしますぞ。学に騙されるでないぞ。金儲《かねもう》け金儲け。真《まこと》は違《ちが》いますぞ。真《まこと》、分かる人民となりて下されよ。

二〇一六年一月二十五日　大日月地大神大靈団御靈《おおひつくおおかみおおれいだんおんたま》　伝える。神人《かみひと》、お役目頼《たの》むぞ。

二十一

離《はな》れゆく者、離れて良いのぞ。何選ぶか、それぞれに委《ゆだ》ねられておるのじゃから、それで良いのじゃぞ。御魂相応《みたまそうおう》に受け取りて、変わりゆく因果《いんが》であるのぞ。この神示《しんじ》、いかようにでも受け取れますぞ。八通《やとお》りに受け取れますのぞ。薬にも毒にもなるぞ。ゆえにまこと縁《えん》ある御魂嬉《みたまうれ》しくなるのぞ。読めば読むほど埃《ほこり》取り払われて改心促《うなが》し、御魂輝《みたまかがや》き、元氣《げんき》になりますのじゃ。

声出して読むのが良いぞ。言靈《ことたま》に変えて生きる力にいたすのじゃ。靈人《れいじん》らにも聞かすのぞ。波動《はどう》になりて念《ねん》として、良き靈団《れいだん》に繋《つな》がる仕組みじゃ。魔物《まもの》の念、力、祓《はら》い除《の》けられるぞ。魔物《まもの》に成り下がっておる者にもよく聞かせて、苦しませ喜ばせ改心させて救うのぞ。

神示《しんじ》、腹《はら》で読みなされよ。音の響《ひび》き頂《いただ》きなされ。頭で考え過《す》ぎるなよ。祓《はら》い浄《きよ》めの力にも代《か》えて使えるのじゃぞ。神示とは、様々な姿《すがた》に代わりますのじゃ。己《おのれ》の氣《き》整えて、元《もと》に戻《もど》す役目もいたすぞ。憑《つ》き物改心させ学ばせ、良き想念《そうねん》、氣《き》、得られもするぞ。何度も同じところ読んでも良いぞ。氣《き》が済《す》むまで読みなされ。神示、味おうて下され。ありがたいありがたいと、神示よく咀嚼《そしゃく》いたして、身に換《か》えなされよ。洗脳《せんのう》解《と》くのぞ。掃除《そうじ》いたすのぞ。言葉一つ一つが栄養となるぞ。病《やまい》の氣《き》に効《き》く薬となるぞ。

食べ物、己に見合う物頂くが真《まこと》でありますぞ。己に合わぬ物頂けば、苦しくなって参りますぞ。御魂《みたま》相応、身体《からだ》相応、時季《じき》相応、土地相応じゃ。食い過ぎるでないぞ。病《やまい》の元であるのぞ。毒食えば苦しくなって参りますぞ。少量じゃと申しても、食べ続ければ溜《た》まりて患《わずら》い苦しむぞ。毒は少しでも毒ぞ。薬となる毒とならぬ毒とありますのじゃ。毒と薬は異《こと》なりますぞ。悪食《あくじき》、癖《くせ》にいたすでないぞ。毒食らう癖、悪魔《あくま》らにしつけられて、喜んで病《やまい》になっておりますぞ。人が造《つく》りた毒、危《あや》うい危うい。悪魔らは人遣《つか》いてそこかしこに毒撒《ま》いて、皆々《みなみな》苦しめる仕掛《しか》け楽しんでおいでじゃ。見て見ぬ振《ふ》りいたす人民、皆々悪魔の僕《しもべ》となっておりますぞ。毒造《つく》りて毒売って毒食わせて人民苦しめ、我良《われよ》しの悪行極《あくぎょうきわ》まりない恥《は》ずかしきありようぞ。

知らん存《ぞん》ぜぬは通用いたさんのじゃ。人民の命、粗末《そまつ》にいたす我良しの輩《やから》、恥《はじ》さらすから覚悟《かくご》いたせよ。腹からの改心させるから、覚悟いたせよ。脅《おど》しではないのじゃぞ。相応に制裁《せいさい》いたして参るのじゃ。世は変わりたのじゃぞ。新たな世に相応《ふさわ》しいありようにいたして参るのじゃ。

真《まこと》の教え世に広めて下されよ。皆で手分けいたして、命懸《か》けて真世《まこと》に伝えよ。世を立て替《か》え立て直しいたして下され。人民に手柄《てがら》立てさせたいのじゃ。手柄、お蔭《かげ》、取り得《どく》じゃぞ。後世《のちのよ》に残るお働き、御魂《みたま》に刻《きざ》まれますのぞ。誰《だれ》も観《み》ておらずともお役目うれしたのしなされよ。我《われ》ら幾億《いくおく》の靈人《れいじん》らも、ちゃんと人民ら視《み》ておりますぞ。そなたらの動き、一つ一つ見られておりますのぞ。喜んで働きなされよ。まこと皆《みな》の喜びのために喜んでなされれば、まこと徳《とく》高いぞ。

水、汚《よご》すでないぞ。土、汚すでないぞ。氣《き》、汚すでないぞ。元に戻《もど》れんようにいたすでないのぞ。真《まこと》の教え、地に染《そ》めて参るぞ。草木、虫けら、獣《けもの》、人民、皆々救う世に立て替えるから、心勇む人民集まりて、おのおののお役目いたしなされよ。生きておるうちに出来る役目いたしなされよ。⦿《まこと》神靈国《かみくに》の民《たみ》、目醒《さ》まされよ。世界中に真《まこと》の教え、伝えて参りなされよ。

悪魔は我《われ》らにお任《まか》せいたしなされ。真《まこと》分かりた人民らは、悪魔に洗脳《せんのう》された人民らに真《まこと》の教育いたしなされよ。洗脳解《と》けるまで、何度でも何度でも繰《く》り返し申さねば分からんのであるぞ。悪魔らはどえらいあくどい仕組みいたしておりますぞ。衣食住医《いしょくじゅうい》政教金《せいきょうきん》すべて企《くわだ》て、人民を家畜化《かちくか》いたす筋書《すじが》きいたしておったゆえ、九割方《きゅうわりがた》計画通りいたしてきたなれど、これからひっくり返して参るのであるから、人民、腹決めて動いて下されよ。神示《しんじ》読んで邪気祓《じゃきはら》いて、力貰《もら》いて動きなされ。日《ひ》の民《たみ》、世界の人民救う⦿《まこと》の民《たみ》ぞ。この度《たび》の戦《いくさ》、草木、虫けら、獣《けもの》らも救う戦《いくさ》ぞ。よほど覚悟《かくご》出来ておらぬと、悪魔の仕組みにやられますのじゃ。

電気から魔力入《まりょくはい》り込《こ》みますぞ。人の意識操《いしきあやつ》りに来ますぞ。負《ふ》の念《ねん》送り続け、人民自《じ》滅《めっ》させる仕組みじゃぞ。空からも毒撒《ま》き地汚《よご》し、病《やまい》の元になるもの撒《ま》き散らしておりますぞ。要《かなめ》となる水にも毒撒《ま》かれ続けておりますのじゃ。命の水、守りなされよ。命の土、守りなされよ。山の木、伐《き》るでないぞ。病《やまい》の元、禍《わざわい》の元であるのぞ。機械の念、生きとし生ける者すべて苦しめる毒の氣《き》、強いぞ。皆で止《や》めさせねばならんぞ。悪魔の種《たね》、身体《からだ》に入れられるでないぞ。小さな目に見えぬ機械であるぞ。人民操《あやつ》る目論見《もくろみ》であるぞ。意識も身体《からだ》も意のままに操られてしまうのぞ。

人民、信じられぬであろうなれど、真《まこと》の話であるぞ。善《ぜん》の仮面被《かめんかぶ》りて悪事いたすが悪魔のやり方。よほど人民見極《みきわ》める力持たねば、僕《しもべ》にされるぞ。雨風造《つく》りて神無きものにいたす計画。地揺《ゆ》らして人殺し、神悪《あ》しきものにいたす目論見《もくろみ》。神と悪魔との戦《いくさ》は既《すで》に終わりておるなれど、人の世にはこれから顕《あらわ》れてくるのぞ。皆が見聞きいたす教えが正しきことと思うなよ。皆、話に操られておること多いぞ。お偉《えら》いさん申すから真《まこと》と思うなよ。お偉いさん方、悪魔に洗脳されて言わされておること多いぞ。

地の大神、苦しんでおるのは、生き物みなみな殺されておるゆえぞ。悪魔に操られた人民らに殺されておること、嘆《なげ》いておられますぞ。人民、悪行《あくぎょう》に気づかねば、地の大神、いよいよ動かねばならぬやもしれぬなれど、人民お役目いたして世立て替えいたすならば、地の大神堪《た》えに堪えて下さるぞ。ゆえに後《あと》は、靈人《れいじん》と共に人民が悪魔造《つく》りた仕組み諸々《もろもろ》、皆で手分けいたし壊《こわ》して下されよ。変えて下されよ。

これ以上、生き物殺してはならんぞ。世からいなくなってしまうぞ。元《もと》に戻れぬようになりますのぞ。それで良いのか。既《すで》に一線を越《こ》えておりますのじゃぞ。悪魔らは、初めから皆々苦しめて殺すこと、愉《たの》しんできたのじゃ。悪魔に洗脳されております者、まだ操られておりますから、皆で止《や》めさせねばなりませぬぞ。人民の学は、悪魔に植え付けられた悪の科学。自滅《じめつ》させるため、地を破壊《はかい》させるために与《あた》えた教えでありますのじゃ。

この神示《ふで》、信じて腹に入れて動いて下されよ。読んで終わりでないのじゃぞ。人民、命懸《いのちが》けで役目いたし下されよ。皆々救って下されよ。人民動けば、我ら一人一人力添《ちからぞ》えいたしますぞ。新たな世は人民が創《つく》らねばならんのぞ。☉《ひかり》出すとはこのことぞ。

二〇一六年一月二十七日　大日月地《おおひつく》大神《おおかみ》大靈団《おおれいだん》御靈《おんたま》　記《しる》す。神人《かみひと》遣《つか》う。

二十二

真実を求めよ。求めれば得られる。得るには身魂磨《みたまみが》き、見極《みきわ》める目、養《やしな》わねばならん。我外《がはず》せ。我良《われよ》し外せ。日本人には日本人に見合った学びあるぞ。外国人には外国人に見合った学びあるぞ。御魂《みたま》のことぞ。顔は外国人でも心は日本人。顔は日本人でも心は外国人あるぞ。それぞれ相応《そうおう》の学びあるぞ。入《はい》り方は違《ちが》うのぞ。分からん者は分からんのじゃ。ゆえにそれぞれ相応の学びさせて変えておるのじゃ。

この筆《ふで》分かる者、分かるのぞ。分からん、違うと申す者、まだまだ分からん御魂《みたま》なのぞ。縁《えん》ある者集《つど》うのじゃぞ。縁無い者離《はな》れてゆくのじゃ。これがふるいに掛《か》けるということぞ。ふるいに掛けねば良い粒《つぶ》は見分けがつきにくいゆえ、ふるいに掛けて遣《つか》うのじゃ。御魂《みたま》相応の学び、あるのじゃぞ。苦しむのは必要ゆえぞ。そなたに学ばせて改心させておるのじゃ。埃《ほこり》落としておるのじゃ。神示《しんじ》読めよ。苦しくなりたら、埃《ほこり》落として貰《もら》っておると思いなされ。

腹《はら》立ったら、魔顕《まあらわ》れて己操《おのれあやつ》りてもおると思いなされ。人は魔に操られ放題であるのぞ。真《まこと》のお役目いたすには、魔祓《はら》わねば出来ぬぞ。魔は己善《ぜん》と思い込《こ》み、真善《まこと》を悪《あく》と見るぞ。考え方異《こと》なれば受け取り方も逆《ぎゃく》になるのぞ。数に騙《だま》されるでないぞ。類《るい》は類ぞ。魔に操られた者集まれば己らを善とし、真善《まこと》を悪じゃと申してつぶしに掛かるのぞ。魔のやり方、すり替《か》えと宣伝《せんでん》が巧《うま》いのじゃぞ。己らが取り違いいたしておること認《みと》められんゆえ、真善《まこと》を悪じゃと仕立て上げ、皆《みな》を思考操作《そうさ》いたすのじゃ。粗捜《あらさが》しいたして、小さな話を大きく変えて、話を誇張《こちょう》してみせてから人民に擦《す》り込むやり方、長《た》けておりますぞ。恥《はずか》しい陰湿《いんしつ》な詐欺師《さぎし》のやり方好むのじゃ。靈《れい》の世界も人の世界も同じぞ。

何拝《おが》んでおるのじゃ。神様とは何じゃ。仏《ほとけ》様とは何じゃ。何ゆえ拝んでおるのじゃ。

己《おのれ》、僕《しもべ》にされて何願《ねが》っておるのじゃ。金《かね》払わされてご利益《りやく》あるのか。何も分からんで拝んでおるのか。先祖《せんぞ》とは何じゃ。足元におるぞ。分からん者分からんで拝んでおること、まだ可笑《おか》しいと気づかぬか。拝まねば祀《まつ》らねば祟《たた》られると申す教え、悪魔《あくま》の奴《ど》隷《れい》の戒律《かいりつ》ぞ。思い込まされておること、操られておること、まだ分からんか。見た目に騙《だま》されるなよ。金《かね》の力、時の権力《けんりょく》でこしらえた形に怯《ひる》むなよ。悪の歴史、悪の力、悪多数に飲み込まれるなよ。己、無能《むのう》と思わされるなよ。真《まこと》と思ったら、信じなされよ。騙されておると思いながら、神示《しんじ》隠《かく》れて読みなされ。

健仁《たけひと》、苦しむ癖《くせ》止《や》めなされ。魔、腹《はら》に入《はい》って来るぞ。弱み隙《すき》を狙《ねら》われておるぞ。悪魔は人操りて力見せつけてくるのじゃ。人は魔の力に操られておるのぞ。魔との戦《いくさ》じゃ。何を狙《ねら》われるか。己の弱さ抉《えぐ》りに来るのぞ。親しき仮面《かめん》被《かぶ》り近寄《ちかよ》りて、弱み粗《あら》捜《さが》しいたしておりますぞ。親しき仮面、見極《みきわ》めよ。分かるようにいたしますぞ。色にやられる者、金《かね》にやられる者、名にやられる者、人にやられる者、病《やまい》にやられる者、皆々己の弱さ見つけられ、魔に抉《えぐ》られ操られるのぞ。何度も申すが真《まこと》の教え、筆《ふで》、ここより他出《ほかで》ぬぞ。真《まこと》の教えとは、人民説教いたし練《ね》り直し、新たな世に遣《つか》う者育てる教えぞ。人民のご機嫌《きげん》取りばかりいたさぬ教えぞ。分からぬ者には分かるよう厳《きび》しく申す教えぞ。何しても自由ぞと仮面被《かぶ》って優《やさ》しく申す教え、善の仮面被りた人集め金《かね》集めの善悪《ぜんあく》の教えぞ。悪に慣《な》らされた人民は、この教え厳《きび》し過《す》ぎて、悪じゃ、魔物《まもの》に取り憑《つ》かれておるのじゃと思い込み離《はな》れるなれど、後々《のちのち》また分かる時来るぞ。死んでからでも良いのぞ。この神示《ふで》、読んでまこと嬉《うれ》しくなる御魂《みたま》少ないなれど、それでまだ良いのぞ。まずはまこと縁《えん》ある御魂《みたま》引き寄《よ》せる仕組み。離れゆく人民、己、魔物の教えに操られておること、いずれ分かりて来るのぞ。

魔は都合よく人を使い弄《もてあそ》び、自滅《じめつ》に追い込む癖《くせ》持っておるぞ。人民、弄《もてあそ》ばれてどんどん苦しみますのぞ。ゆえに魔に操られぬように苦しまぬように、知恵《ちえ》与《あた》えておるのじゃ。人民分からぬことゆえに、くどう申しておるのぞ。神示《ふで》は嘘《うそ》じゃ、この神は真《まこと》の神ではないぞ、可笑《おか》しな者ぞ、騙《だま》されるなと申す人民らよ、己らは真《まこと》を理解《りかい》いたしておるか。己らは善じゃと申すが、魔に操られておらぬか。己、見極める力持っておるか。

るか。

何ゆえ、健仁遣《たけひとつか》いてこうして申しておるか分からぬかな。真《まこと》、人民に伝えるためぞ。人民、苦しみから救うためぞ。地《ち》の人民すべてに申す教えぞ。地の生き物みな救う教えぞ。地の靈、みな救う教えぞ。宇宙《うちゅう》からそなたらを視《み》ておるのぞ。腹《はら》の中から視ておるのぞ。すべて見透《みとお》しの神、靈、人遣《つか》い顕《あらわ》れて、真《まこと》見せておるのぞ。人民に分かりやすく申しておるのぞ。分かりやすくせねば分からんから、なるべくそのままに分かりやすく申しておるのじゃ。分かりたか。この神示《しんじ》、世界中の民《たみ》に聞かせる筆《ふで》ぞ。

健仁神人《たけひとかみひと》、神示降《ふでお》ろして伝える役目、唄《うた》い奏《かな》で地癒《ちいや》し人に力与える役目、皆々導《みちび》く役目じゃ。靈団御魂《れいだんみたま》の容《い》れ物となりて世に顕れ、人民に説いて聞かすお役目じゃ。金《かね》は要《い》るだけで良いぞ。動くに必要な分だけあれば良いぞ。それ以外は縁《えん》ある必要な者に与えて参るのぞ。名挙《あ》げるためでないのぞ。人民に説いて聞かし、世の立て替えいたして参るためであるぞ。いつの時代にも、神人遣《かみひとつか》いて人民に申し聞かして来ておるのじゃ。

神人《かみひと》とは、神と共に生きる者のこと申すぞ。◎《まこと》神とは、宇宙《うちゅう》、日月地《ひつきち》であり、自然、森羅万象《しんらばんしょう》すべてのこと申すぞ。生命《いのち》司《つかさど》る仕組みそのもの、大きい力を申すのぞ。神に感謝《かんしゃ》いたしてある靈団に遣《つか》われて生きる者、真《まこと》の神人《かみひと》ぞ。世界中におりますぞ。大昔から世に顕れて来ておりますぞ。これまでも人民は、神に感謝いたしてある靈団の声、聞いて生きて来たのぞ。悪魔らは、神靈人《かみひと》の言葉に耳貸《か》さぬように、人民ワヤに掛け、思考を支配《しはい》いたしておるのぞ。◎《まこと》神、靈と、悪魔らとの戦《いくさ》ぞ。悪魔の大将《たいしょう》らは、降参《こうさん》いたしてみな他《た》の星に連れて行ったなれど、今は悪魔に洗脳《せんのう》された靈、人との戦《いくさ》ぞ。ゆえに洗脳解《と》くためにこうして表《おもて》に顕れて、人遣《つか》いて申しておるのじゃ。真《まこと》の生き方説いて導いておるのじゃ。言わねば分からぬゆえ、しつこいほどに申しておるのじゃぞ。この方《ほう》、地の人民を指導《しどう》いたすお役にある靈団の靈ぞ。靈、人、共に指導いたし、新たな地の礎《いしずえ》築《きず》く目的ぞ。

何ゆえ、健仁遣《たけひとつか》いて申すか。何ゆえこのような者かと申す者もおるなれど、この御《み》魂《たま》は過去《かこ》の生より人民に伝えるお役目にある御魂《みたま》ぞ。生まれ変わり生まれ変わりて、その都度《つど》世のありよう伝えるお働き、生き通しの御魂《みたま》ぞ。この方《ほう》は可笑《おか》しなこと申しておらぬのぞ。私利私欲《しりしよく》でいたさんのぞ。いたさせんのぞ。宗教教祖《しゅうきょうきょうそ》、名乗らせんぞ。金儲《かねもう》けいたさせぬぞ。名欲《ほ》しさにいたしておるのではないのぞ。悪魔相手の命懸《いのちが》けであるお役目であるのぞ。かつて地の王としてあった御魂《みたま》、王の王ぞ。真《まこと》の王とは、神《かみ》、靈《れい》、人《ひと》、三界《さんがい》を繋《つな》ぐ人のことぞ。字そのままの形ぞ。神《かみ》、霊《れい》の媒体《ばいたい》となりて、人民に真《まこと》を伝えるお役目の御魂《みたま》ぞ。悪魔入《はい》りて好き勝手いたす前の世から、この地に降《くだ》りてお役目させてきた貴《とうと》い御魂《みたま》であるぞ。

この生では、今までにない地の大きい立て替え立て直しいたすために要《かなめ》となっておる御魂《みたま》ゆえ、昔からの神仕組みにて御魂《みたま》の記憶《きおく》消さして生まれさせ、長い間魔物の容《い》れ物となりて生きさせ、地のありよう御魂《みたま》に刻《きざ》まさせ、終始調査《しゅうしちょうさ》に遣《つか》って来たのであるのぞ。ちゃんと印《しるし》付けておりますのぞ。時来《きた》りて、必要な記憶と力戻《もど》し与えて、この度《たび》の仕組み分かるように調整《ちょうせい》いたし、悪魔に分からぬように、人民にも覚《さと》られぬように、皆を騙《だま》して隠《かく》して来た御魂《みたま》じゃ。天明《てんめい》の時代より筆《ふで》に書いて残し、健仁《たけひと》にも早くから読み聞かせ、お役目の準備《じゅんび》させて今に至《いた》るのじゃ。悪魔に分からぬように仕組みいたして、悪魔も皆々降参《こうさん》改心させての裏《うら》役目もいたさせて来た御魂《みたま》ぞ。人民には分かる者一人もおらぬぞ。分からぬようにいたして来たのじゃから、分からぬのは当然であるのぞ。

真《まこと》、世の立て替え立て直しのお役目に生きる者、既《すで》に世に出ておるのぞ。悪魔、己《おのれ》の存在《そんざい》隠して悪さいたすのと同じじゃ。悪魔に操られた世、立て替えいたすには、真《まこと》のお役目隠して、悪魔に覚《さと》られぬように騙《だま》さねば出来ぬのぞ。魔ともなりて魔界を調《しら》べて来たのじゃ。途中《とちゅう》、悪魔にばれて猛攻撃《もうこうげき》受けて、命ぎりぎりの所まで追い詰《つ》められたのじゃが、それも皆々初めからの仕組み通りであったのぞ。靈、人、共に皆々騙して騙して、ふるいに掛けながら改心させて、それぞれに練《ね》り直しいたして、今の今まで参ったのじゃ。

健仁《たけひと》にも分からぬこと多かったなれど、人の世に生きておるのじゃから悪魔に操られることも仕方ないことであったなれど、それも初めから計算通り、お仕組み通りであったのぞ。大丈夫《だいじょうぶ》じゃと聞き飽《あ》きるほど申して来たのは、そのことでもあったのじゃ。言うては成らず、言わねば分からず、仕組み仕上げるためであったのじゃ。苦しめて来たこと、悪魔にも代《か》わって詫《わ》びますぞ。許《ゆる》して下されよ。守護靈《しゅごれい》はおらぬのか、何ゆえに助けてくれぬのかと疑《うたが》うのも、無理ない話であったなれど、我《われ》らも苦しかったぞ。堪《た》えに堪えて仕上げ隆々《りゅうりゅう》、見て下され。見事あっぱれな仕上げであるぞと申して来たこと、決して嘘《うそ》ではなかったのぞ。生まれる前より約束いたしてきた通りであったのぞ。王として人民に紛《まぎ》れ、魔物《まもの》の容《い》れ物になりて世調《しら》べ、世の立て替え立て直しいたすと申した約束、予定通り進んで来ましたのじゃ。

ここから先は、真《まこと》この道に縁《えん》ある御魂《みたま》次々に引き寄せ繋《つな》ぎて、世直し、立て替え立て直しの段取《だんど》り、改進《かいしん》いたして参りますから、この流れに乗ってお楽しみ下されよ。分かる人民には分かるゆえ、苦しんで下さるなよ。離《はな》れる人民、それまでのご縁でありましたのぞ。縁あらば次の世でお会いいたしますのじゃ。さようならでありますのじゃ。ご縁も引き続き繋ぎ繋ぎありますぞ。後《あと》から戻《もど》って来る、縁ある御魂《みたま》もありますぞ。身魂《みたま》磨き出直して来る者も、立派《りっぱ》なお役目いたされますから見て下されよ。腹《はら》にある悲しみの念《ねん》、吐《は》き出されよ。真《まこと》の教えは苦《にが》い苦い薬ゆえ、毒だと思い込む者多いが特効薬《とっこうやく》でありますのじゃ。この改心薬《かいしんぐすり》、味わって良く噛《か》んで、少しずつ少しずつ腹に入れて下されよ。徐々《じょじょ》に効果《こうか》顕れて参りますぞ。うれしうれしたのしたのし変わりて参りますぞ。

神人《かみひと》、偽物《にせもの》じゃと申す者、そなた見極《みきわ》める目が無いのじゃぞ。それがそなたの現状《げんじょう》ぞ。これ、神人《かみひと》申しておるのではないぞ。神《かみ》、靈《れい》、健仁神人《たけひとかみひと》の身体《からだ》借りて申しておるのじゃ。嘘《うそ》つきではないぞ。世の元《もと》から遣《つか》って来た王の御魂《みたま》、神《かみ》、靈《れい》の言葉伝える媒体《ばいたい》となれる神人《かみひと》ぞ。肩書《かたが》き無くとも身分関係なく、真《まこと》の王は王の働き選んで生きること出来る御魂《みたま》でありますぞ。立派でありますぞ。人民相応に映《うつ》る鏡《かがみ》の御魂《みたま》ゆえ、善《ぜん》にも悪《あく》にも顕れますのぞ。己《おのれ》の姿《すがた》映して見させて頂けよ。地に生きる人民、世のため人のため、生き物のため神のために生きること出来る御魂《みたま》、皆々まこと靈性《れいせい》高き御魂《みたま》、真人《まことびと》ぞ。無駄《むだ》に金《かね》や肩書き求めず地に奉仕《ほうし》いたす人々、世界中でご活躍《かつやく》いたしておりますぞ。よくよく見てみなされよ。立派な御魂《みたま》、大勢おりますぞ。人の価値《かち》ひっくり返りますのぞ。これからの世、真《まこと》の教え説いて、ひっくり返して参りますのぞ。お役目ご苦労ご苦労。あっぱれ人民お手柄《てがら》立てて、喜びおうて進みなされ。世、変わるぞ、変えられますのぞ。ありがたいありがたい、人民笑う世の始まりじゃ。お一人お一人、お力添《ちからぞ》えいたしておりますぞ。

神唄《うた》う。あーわーやーらーわーうーるーうーおーうー。

二〇一六年一月二十八日　大日月地大神大靈団御靈《おおひつくおおかみおおれいだんおんたま》　伝える。

神人《かみひと》共に笑う。うれしうれしたのしたのしあっぱれ仕組み。

二十三

人民、今の己《おのれ》を活《い》かしなされよ。魚《さかな》は鳥《とり》にはなれんぞ。鳥は魚になれんのであるぞ。無いものねだりは苦しむのであるから、早《はよ》うお分かり下され。御魂相応《みたまそうおう》であるが、真《まこと》喜びぞ。魚に鳥にいたしてやるぞと偽《いつわ》り申して、煽《あお》るでないぞ。騙《だま》して人儲《ひともう》け金儲けいたすでないぞ。魚は飛魚《とびうお》に鳥は鵜《う》にしか精々《せいぜい》なれんのであるから、なれぬものにはなれぬのぞ。分かりたか。

皆々《みなみな》それぞれに出来ることと出来ぬこと理解《りかい》いたせば、己の使い方、活《い》かし方、生き方分かるぞ。既《すで》に喜びの種はおのおのに与《あた》えてあるのぞ。日々《ひび》活《い》かせよ。磨《みが》けよ。育《はぐく》めよ。喜んでもらいなされよ。お偉《えら》い様になろうとせず、皆々様方に頭下げて、感《かん》謝《しゃ》いたし続け、生きる者になりなされ。皆々様方に喜んで頂《いただ》くこと、日々《ひび》考え生きる者になりなされ。愛されるぞ。貴《とうと》ばれますぞ。

個々に必要なものは既《すで》に与えてあるぞ。一つ二つ三つ皆々に与えてあるから、己《おのれ》には取り柄《え》が何も無いと申すは己の思い込《こ》み、ただの無い物ねだりの類《たぐ》いぞ。与えてありますぞ。必要なもの必要なだけあるのが、真喜《まこと》びぞ。必要以上にあると苦しみますのぞ。人民、必要以上に求めるから、騙《だま》されるから、苦しむのでありますのぞ。分かりたか。

世の在《あ》り方も同じでありますのぞ。皆々貴《とうと》いお役目出来る喜びの種、初めから植え付けてあるから、己をよく見て下されよ。己に何があるのじゃ、何も無いではないかと申すならば、縁《えん》ある者に聞いてみなされ。そなたに在《あ》るもの、そなたの良きところ、皆々お教え下さいますぞ。教えて頂くのであるぞ。そなた、我出《が》すから騙されるのぞ。騙されるには騙されるだけのもの、腹《はら》に在《あ》るからぞ。苦しむは苦しむだけの学び、己に必要あるからぞ。

相手悪く申すでないぞ。みな必要ゆえのこと。己映《うつ》して見させて頂いておるのじゃ。皆々御魂《みたま》相応であるのじゃ。それぞれ身魂磨《みたまみが》きいたさすために、縁ある者同士引き寄《よ》せて学ばせおうて、共に変わらせる仕組みぞ。苦しくて嬉《うれ》しい仕組みであるのぞ。過《か》去《こ》の敵《かたき》、親子兄弟にいたすことあるぞ。因縁解消《いんねんかいしょう》させるためであるぞ。それも喜びであるのぞ。苦しみの元《もと》である汚《よご》れ掃除洗濯《そうじせんたく》いたすが、真《まこと》の生きる学び。汚れ無い者、誰《だれ》一人としておらんぞ。身魂《みたま》掃除洗濯いたし、磨けば皆々綺麗《きれい》になるのぞ。輝《かがや》きて眩《まぶ》しく映るぞ。

御魂《みたま》相応に世は顕《あらわ》れて参りますのじゃ。修行《しゅぎょう》でありますのじゃ。生きるだけで、修行になっておりますのじゃぞ。自《みずか》ら難行苦行《なんぎょうくぎょう》、要《い》らんぞ。人集め、見世物、お止《や》め下され。人民、生きることで十分多くを学び成長させて頂けますのじゃから、どこでも何いたしても誰でも修行出来ますのじゃ。人民、特別な者になろうと思うでないぞ。皆々それぞれに感謝いたし生きること、何よりの修行でありますぞ。御魂《みたま》相応に変わる変わる。あっぱれ変わる身魂磨《みたまみが》き。

うれしうれしたのしたのしかわるかわる、ありがたいありがたい、うるうおう、やーわーらーおー。

二〇一六年二月五日　大日月地大神大靈団御靈《おおひつくおおかみおおれいだんおんたま》　謳《うた》う。神人《かみひと》結ぶ。

二十四

すべては御魂《みたま》に刻《きざ》まれるものでありますぞ。鏡《かがみ》の仕組みでありますぞ。打てば響《ひび》く、呪《のろ》わば呪われる、鏡のお仕組みでありますぞ。因果相応《いんがそうおう》に行ったり来たり、人の喜怒《きど》哀楽《あいらく》、ますます激《はげ》しくなりますぞ。念《ねん》であれ、他《た》苦しめること、相手に苦しめられることになりますのぞ。いずれ罪《つみ》問われるものでありますのぞ。嘘《うそ》も必ず問われる時が来ますぞ。誰《だれ》も逃《のが》れられぬ償《つぐな》いの仕組み、与《あた》えられますのじゃ。皆々己《みなみなおのれ》の中に在《あ》るもの、顕《あらわ》れて来ておりますのぞ。分かる者分かるのであるが、分からぬ者新し因果背負《せお》うのでありますぞ。嘘はおやめ下され。恥《は》ずかしくて皆の前で泣かねばならぬようになりますぞ。人民靈人《れいじん》、改心結構《けっこう》結構。笑える御魂《みたま》と成りなされよ。

相手悪く申すはたやすいなれど、他陥《たおとしい》れた罪《つみ》、大きいのでありますぞ。皆々因果《いんが》相応に苦しみとして顕《あらわ》れて来ますのじゃ。これまでのそなたの因縁《いんねん》、すべて御魂《みたま》に記《き》憶《おく》されてありますのじゃ。決して誤魔化《ごまか》し消すこと出来ぬゆえ、申しておるのぞ。お分かり下されよ。因果の仕組み、いずれ己《おのれ》に返って来るから、何選ぶか、大切ごとでありますぞ。思いの選び方、言葉の選び方、行いの選び方、すべて日々《ひび》問われておりますのじゃ。思い込《こ》みや取り違《ちが》い、恐《おそ》ろしいぞ。善《ぜん》と思い込み、悪魔《あくま》の僕《しもべ》と化しておりますぞ。分からぬと申せ、罪《つみ》同じであるのじゃ。問われる時、必ず来るのじゃから、見極《みきわ》めよ。一言《ひとこと》詫《わ》びて済《す》むものでないのぞ。皆々苦《く》として学びなされよ。詫びて喜び与え続けて、お許《ゆる》し頂《いただ》けよ。苦《く》頂きて己変わる時、与えられますのぞ。人であれ靈《れい》であれ靈団《れいだん》であれ、皆々同じでありますのじゃ。

大神《おおかみ》の法則《ほうそく》、間違《まちが》い無し。一厘《いちりん》の狂《くる》いも無いのであるぞ。想念因果《そうねんいんが》のお仕組み。うれしたのしおそろし、光と闇《やみ》の法則じゃ。神とは因果の法則、顕れ、善《ぜん》とも悪《あく》とも相応に顕れますのじゃ。皆々神の中におりますのじゃ。皆の中に神、顕れておりますのぞ。人民靈人《れいじん》よ、嘘《うそ》つきは嘘つきとして因果背負《せお》うのでありますのぞ。罪人《つみびと》は罪人としての因果背負いて、苦しませて頂き、真《まこと》の喜び頂くのでありますぞ。人の世、靈の世、まだまだ大きく変わりて、皆々相応に学びて、世の移《うつ》り変わり激《はげ》しく映《うつ》りますぞ。

みなみなうれしうれしたのしたのしかわるかわる、ありがたいありがたいお仕組み。御魂《みたま》相応の因果、ありがたいありがたい。苦、ありがたく頂きなされ。ありがたいありがたいありがたいありがたいと、みな変わりますぞ。

二〇一六年二月二十二日　大日月地大神大靈団御靈《おおひつくおおかみおおれいだんおんたま》　語り、神人《かみひと》結ぶ。

二十五

神示《しんじ》は大日月地大神大靈団《おおひっくおおかみおおれいだん》より指導靈遣《しどうれいつか》いて神人繋《かみひとつな》ぎ、一つ一つ言葉にいたしておるのじゃ。こうして言葉にいたすは、人民に分かりやすくお読み頂《いただ》くためであるのぞ。その時代時代ごとの神示の降《ふ》ろし方《でお》、人民への伝え方あったのであるぞ。分かる者には分かるように、人に伝えられるようにいたしても参ったぞ。人知らぬ大昔より、この靈団《れいだん》あったのであるぞ。必要に応《おう》じてその時々の言葉に変え、神人繋《かみひと》ぎ、人民に伝えて来ておるのじゃ。何ゆえそのようにいたすのかと申せば、人みな捉《とら》え方違《ちが》うから、分かりやすくせねばならんなれど、必要な方に届ければそれで良い時代もあったのじゃぞ。一人の者に伝え、神示腹《はら》に入れさせ、良く噛《か》み砕《くだ》いて人民に伝えることで良しといたしてきたのじゃ。じゃが時来《きた》りて、人民にも分かりやすくこの靈団の言葉聞けるように、分かりやすく読めるようにいたしておるのじゃ。真人《まことびと》の数作りて、世大きく変えて参る元《もと》からの仕組みであるから、縁《えん》ある者次々に引き寄《よ》せて、神示読ませて、心身共に掃除《そうじ》させて、立て替《か》えのお役に遣《つか》うのであるのぞ。

日《ひ》の本《もと》より光顕《あらわ》すのは、元より世を治《おさ》めて参った因縁《いんねん》深き所であるゆえ、いつの世も雛型《ひながた》といたして使ってきた大事な場であるのじゃ。すべての神々にも靈人《れいじん》らにも、人民にも分かるようにいたすのじゃ。この国変わらねば、世界変われぬのぞ。悪魔《あくま》ら皆々他所《みなみなよそ》の星にお移《うつ》しいたし、この地は新たな御魂《みたま》らの光、善《よ》き波動《はどう》、新たな周波数《しゅうはすう》に切り替わるのであるぞ。人民の身体《からだ》も変えて参りますぞ。悪魔に操作《そうさ》されておりた身体《からだ》一つ一つ綺麗《きれい》さっぱり作り変えて、他《ほか》の星の方々と関わってゆけるよう思考回路うれしたのしとなりますぞ。悪魔らに切られておりた頭の回線、遺伝子《いでんし》の仕組み、元に戻《もど》して参りますぞ。分からなかったことが次々分かるようになりて、人民みなみな御魂相応《みたまそうおう》、徐々《じょじょ》に面白《おもしろ》くなりますぞ。靈性《れいせい》上がりた者から順であるから、改心いたし皆々様方のために生きられる御魂《みたま》から変えて参りますのぞ。

生きて救う者と死んで救う者、生まれ変わりてから救う者と別れますぞ。いずれも御魂《みたま》相応じゃ。身《み》の丈《たけ》に見合った姿《すがた》となりますのじゃ。分からぬのはまだ分からん者であるのぞ。必要に応じて一つ一つ学ばせ、分かるようになって参りますのじゃ。分からぬ者はまだ分からぬで良いのじゃ。恥《は》ずかしことないのじゃ。時来《きた》りて必要に応じて分かるようになるから、うれしたのしであるぞ。思考そのもの切り替わるのじゃ。悪魔ら関われぬようになるゆえ、感情《かんじょう》、思考、うれしたのしとなるのじゃぞ。分かりたか。

人民、真《まこと》分からぬゆえ、一つ一つ分かるように申すなれど、肉体は借《か》り物であるのじゃぞ。地《ち》の大神からお借りいたして使わせて頂いておる御身体《みからだ》ぞ。分御靈《わけみたま》でありますぞ。そなたらは靈人《れいじん》ぞ。神の分御靈《わけみたま》である御身体《みからだ》使わせて頂いておる靈人でありますのじゃ。靈人は姿形《すがたかたち》いかようにでも変えること出来ますのぞ。光の粒《つぶ》じゃ。光の煙《けむり》じゃ。光の線じゃ。海にも山にも空にも土にも、草木、獣《けもの》、岩にもなれるのじゃぞ。

その瞬間瞬間《ときどき》で御魂《みたま》は動けますのじゃ。異《こと》なる次元《じげん》の仕組みゆえ分からぬなれど、靈人は意識《いしき》の世界、思考の世界ぞ。思うがままにあるのじゃ。ゆえに己《おのれ》の心のままに顕《あらわ》れるのが靈人の世界じゃ。善《よ》くも悪くもすべて己の思いのままの世界におるのぞ。悪魔らはそのこと良く分かっていて、人民に真《まこと》の姿《すがた》、◎《まこと》の仕組み教えず、人民に成りすまし、思考に魔《ま》の教え、負《ふ》の感情植え付けて、人民同士揉《も》めさせ、負の連鎖《れんさ》産《う》み出し、あたかも地の民《たみ》、靈性低き獣人《けものびと》であるかのように見せしめ、己らが教育いたすと申し、この地に入《はい》り込《こ》みて指導と申し、洗脳《せんのう》いたしては魔物《まもの》の僕《しもべ》といたしてきたのぞ。

他《た》の星の民《たみ》らもなかなか手出し出来ず、長きに渡《わた》り民《たみ》は支配《しはい》されてきたのであるが、時来《きた》りて地の靈団の解体調査《かいたいちょうさ》いたし、これまでのありよう、人民の身魂《みたま》に刻《きざ》まれた記《き》憶《おく》、すべて調《しら》べに調べて、悪魔らの罪暴《つみあば》いて参ったのぞ。地の民《たみ》、生まれ変わりても地の民《たみ》のまま悪魔の僕《しもべ》のままありたゆえ、もう生まれ変わりたくないと申すようになり、靈人のままにそれぞれ靈団設《もう》けて、自分ら守るように転生《てんせい》せず靈界に留《とど》まっておりたなれど、これからは良き世となるから、生まれ変わりてうれしたのし生きて下されよ。靈人よ、生まれ変わりたくなるような地となりますのじゃぞ。皆々喜んで地の民《たみ》として生まれ変わりて下されよ。生まれ変わり死に変わり、いずれも喜びであるのが真《まこと》の仕組み、在《あ》り方でありますのじゃ。神人《かみひと》、このこと世に伝える役。真《まこと》、人々に伝え人々の洗脳解《と》いてゆくお役でありますぞ。大層《たいそう》ご苦労いたしておるゆえ、分かりて下されよ。教団教祖《きょうだんきょうそ》ではないのじゃぞ。縁《えん》ある者集《つど》いて繋《つな》がり縁深めて、世の礎《いしずえ》、後《のち》の世の仕組みお創《つく》り下されよ。靈団皆々お力添《ちからぞ》えさせて頂きますぞ。分からぬこと何もなく、必要なことお教えいたして参りますぞ。皆々繋がりて、真《まこと》の世造《くにづく》りいたして参りなされよ。世の立て替え立て直しでありますのじゃぞ。

艮金神《うしとらのこんじん》と申して顕《あらわ》れて参りた靈団、大日月地大神大靈団《おおひつくおおかみおおれいだん》の一つの顕れでありましたぞ。布石《ふせき》投じて人民に見せて来ておりましたのじゃ。各宗教宗派《しゅうきょうしゅうは》、縁《えん》ある者すべて、心洗《あら》い流して下されよ。これまでの揉《も》め事、教え、不和となる念《ねん》、すべて洗い流して下さいませ。魔に囚《とら》われて下さるなよ。皆々必要であった学びでありますのじゃ。魔は人民同士争わせて人の歓喜《かんき》の念奪《うば》い取り、悪魔《あくま》出入《ではい》りしやすい心の周波数《しゅうはすう》に造《つく》り替えて、人民を好きなように思考操作《そうさ》いたし、世の乗っ取り企《くわだ》てて参ったのじゃ。人民、そろそろ目醒《さ》まして下されよ。人民目覚《めざ》めねば、世の立て替え立て直しは進まぬのじゃぞ。金《かね》の世は幻《まぼろし》ぞ。悪魔の仕組みであるのぞ。人民ワヤに掛《か》け、僕《しもべ》にいたし続ける、ずる賢《がしこ》いお仕組みでありますのぞ。世はいずれ、金《かね》無くして参りますのじゃ。金《かね》無くとも皆で分け合う仕組み作れば、皆々生きてゆけますのじゃぞ。

変えられぬと思うでないぞ。変えられるのであるのぞ。すべては思考が元として作られている世ぞ。人民目醒《さ》まして、手繋《つな》ぎて笑って生きられる世に立て替え立て直しいたすと決めれば、数年で顕れて参りますのじゃ。今より遥《はる》かに進んだ科学、与《あた》えて参りますぞ。草木、獣《けもの》、すべての人民喜ぶ真《まこと》の科学で、世は綺麗《きれい》になりますのじゃ。神世《かみよ》とは、皆々喜びに生きられる調和の世界ぞ。生態系《せいたいけい》そのものでありますのぞ。教団造《つく》りて金儲《かねもう》け人儲けいたす目的ではないぞ。この御魂《みたま》、そんなちょろこい欲《よく》まったくないぞ。この靈団に遣《つか》われる御魂《みたま》であるから悪事《あくじ》は出来ぬのぞ。小さな欲ではお役目間に合わんのじゃ。元より世の立て替え立て直しに遣《つか》って来た御魂《みたま》であるから、己《おのれ》の欲のために生きておる者ではないぞ。分かる者は分かるなれど、己《おのれ》の器《うつわ》小さいと分からぬから、悪く申すより他《ほか》なくなるのぞ。この靈団付いて指導いたしておるのじゃぞ。分からぬ者は分からぬだけの御魂《みたま》であるのじゃ。悪く申す者らは魔物に使われ操《あやつ》られておりますぞ。真《まこと》見極《みきわ》められぬそなたらは、善《ぜん》の仮面《かめん》被りて己の損得勘定《そんとくかんじょう》ばかり考えておる人儲け金儲け主義《しゅぎ》ゆえに、それに見合った魔物に魅入《みい》られたのであるぞ。

この神示《しんじ》、笑って読める者、真人《まことびと》であるのぞ。嘘《うそ》は書いておらぬのぞ。ゆえに申すのじゃ。魔物に魅入《みい》られておる者は、ただただ腹立《はらだ》たしく思え、心そのままに暴《あば》れますぞ。人民に隠《かく》れておる魔物らに聞かせておるのじゃぞ。人民分かりて下されよ。声あげて神示、魔物に聞かせなされ。改心いたし出てゆくぞ。善《ぜん》に成りすまし口ばかり良きように申して行い伴《ともな》わぬ御魂《みたま》、魔物に操《あやつ》られておると思いなされよ。嘘《うそ》つきは魔物の容《い》れ物に好かれるのぞ。分かりやすう説いておるのじゃ。魔物ずる賢《がしこ》いゆえ、ずる賢い人民、容《い》れ物に選ぶのぞ。このこと分かれば、魔物に魅入《みい》られる者は魅入られるだけの因果《いんが》あったのぞ。そこから足場といたし、一つ一つ変わりなされよ。何事も遅《おそ》くはないぞ。学びは永久《とことわ》に与えられておるのじゃから、焦《あせ》らんで良いのじゃ。世の立て替え立て直しの時来たゆえ、すべてはっきりといたして参りますぞ。人民靈人《れいじん》、共に改心、掃除洗濯結構結構《そうじせんたくけっこう》、あっぱれ花咲《さ》く春来たぞ。

二〇一六年二月二十五日　大日月地大神大靈団御靈《おおひつくおおかみおおれいだんおんたま》　語り、神人《かみひと》結ぶ。うるうおう、あっぱれあっぱれ。

二十六

うーるーうーおーうー
あーわーやーらーわー
うれしうれしたのしたのし
あっぱれあらわるひかりの御魂《みたま》

おーおーおーあーあーあー
えーえーえーいーいーいー
うーるーうーるーうー

神人《かみひと》　かわるかわるかわる
世の立て替《か》えうれしたのし

あーらーわーるーるー
おーおーおーおーおー
えーえーえーえーえー
いーいーいーいーいー
まわるまわる火の靈《れい》
うるうるう水の靈
あいする御魂《みたま》　集《つど》いし繋《つな》ぐ
力顕《あらわ》れ喜び　意志広がり　映《うつ》る理《ことわり》

顕れよ　顕れよ　顕れよ

輝《かがや》けよ　輝けよ　輝けよ
結べよ　結べよ　結べよ

あーわーやーらーわー
うーるーうーるーうー

神人《かみひと》　あっぱれあっぱれ
かわるかわるかわる

二〇一六年二月二十九日　大日月地大神大靈団御靈《おおひつくおおかみおおれいだんおんたま》　唄《うた》う。神人《かみひと》結ぶ。

二十七

悪《あく》の中に隠《かく》しておるのぞ。悪も善《ぜん》も神の目からは無いのであるが、人民の目からはあるのであるぞ。必要であるのぞ。区別つけねば、人民見極《みきわ》め出来ぬのぞ。屁理屈《へりくつ》申すでないぞ。粗捜《あらさが》しばかりの人民、魔《ま》に遣《つか》われて不和産《う》み出す僕《しもべ》となっておるのぞ。そなたの理屈も粗捜しされて、皆《みな》に悪く申されるゆえ、いよいよ苦しくなるぞ。みな御魂相応《みたまそうおう》に顕《あらわ》れるぞ。気つけおくぞ。己《おのれ》の心顧《かえり》みよ。魔、棲《す》みついておりますぞ。皆々《みなみな》改心いたすお仕組み。申し訳《わけ》ない心に満《み》たされて参りますぞ。頭下げて腹《はら》からの詫《わ》びいたし、一つ一つまこと改心なされよ。地《ち》の民《たみ》すべてに神の氣《き》流れて、くるしくるしうれしうれし、感謝《かんしゃ》感謝に至《いた》りますぞ。

この仕組み、逃《のが》れられる人民、一人もおらぬのぞ。我《われ》さえ良ければ良いと申す人民、これからますます恥《は》ずかしくなりますぞ。欲張《よくば》りは、みなに蔑《さげす》まれる世と変わりますのじゃ。変わりておるのじゃぞ。魔物《まもの》の世、仏魔《ぶつま》の世は終わりたのであるから、もう方便ないのであるぞ。何でもかんでも、無罪放免許《むざいほうめんゆる》される世は、とうに終わっておるのじゃから、御魂《みたま》相応にしっかり詫《わ》び入れさすぞ。人民の心の中に顕れて、それぞれに改心させますぞ。身から出た錆《さび》、落としなされよ。己《おのれ》から詫びると苦しまぬがゆえに、これまで何千年と教えて参ったのじゃが、改心出来ぬ者いよいよ皆々神改心さすから、もがき苦しまねばならぬぞ。食い過《す》ぎたら腹痛《はらいた》くなる道理じゃ。分かりたか。何ゆえ腹痛ませるのかとたてつく人民よ、初めからそれぞれの器《うつわ》に見合った創《つく》りいたしておるから、過ぎれば苦《く》となる仕組みとなりておるのじゃ。過ぎること悪《あく》自由であること、まだ分からぬか。悪魔《あくま》の誘《さそ》いにまんまと乗せられて、悪自由に慣《な》れさせられてしもうたゆえ、人民、神申すこと厳《きび》しく思うなれど、厳しきこと申しておらぬのぞ。愛であるぞ。大き愛でありますのじゃ。皆々うれしたのし生きられるため、過ぎると苦しむように創ってありますのじゃ。

悪魔は、神創りたもの壊《こわ》し逆《さか》らいとうて、今まで人民にも靈人《れいじん》にもいいように申し、皆々騙《だま》し騙し操《あやつ》りて見せつけて来たなれど、神に愛されておること分からぬ真《まこと》に悪魔となりて、逆《さか》らい続けてきたのじゃ。真《まこと》の愛とは、真《まこと》教えることであるのぞ。真《まこと》とは、皆々愛する、和す、活《い》かす道理《みち》であるのじゃ。皆々相応に喜び活《い》かされるには、満遍《まんべん》に喜び与《あた》えねばならぬのじゃ。誰彼《だれかれ》一部の者たちばかりの喜びではならんのであるのじゃぞ。先行《さきゆ》くほどに不和となり、◯《わ》とならずして崩《くず》れてゆくのじゃ。すべては◯《わ》じゃ。繋《つな》がりておるぞ。皆々繋がりて、活《い》かしおうて、認《みと》めおうて、愛しおうてゆくのが、◉神心《まことかみごころ》であるのぞ。親の心分かる者育《はぐく》む仕組みでありますのじゃ。遅《おそ》し早しあるなれど、生まれ変わり死に変わりいたし、どこまでもいつまでも見守っておりますのじゃ。皆々相応に喜び学び変わりて、神心《かみごころ》に歩ませておりますのじゃぞ。混《ま》ぜこぜの地であるゆえに、分かる者分からぬ者あるなれど、皆々他《た》見て学び変われる仕組みいたしておるから、人民、皆々様を拝《おが》まねばならんな。良いか、分かりたか。

悪の中に隠《かく》しておるとは、悪の心を理解《りかい》いたし因果《いんが》悟《さと》らねば、神心《かみごころ》、摑《つか》めぬのじゃ。悪魔になれと申しておるのではないぞ。早合点《はやがてん》いたすでないぞ。言葉狩《が》り好きな人民、皆に嫌《きら》われますぞ。ゆえにそなた寂《さび》しかろうに。理解いたそうと努《つと》めるが真《まこと》の愛、〇《はたらき》であるのじゃ。外《はず》れるでないぞ。いつまでも捻《ねじ》くれておるでないぞ。そなたも可愛《かわ》い可愛《かわ》い子であるから申すのじゃぞ。真《まこと》の教えを、嫌《いや》みにすり替《か》えて下さるなよ。味噌《みそ》を糞《くそ》にして下さるなよ。

腹《はら》立つは、腹立つだけのもの、腹に住みついておるのぞ。真言《まこと》われるゆえに暴《あば》れるのであるぞ。魔物、腹に住みついて人民の心操《あやつ》るのじゃ。負《ふ》の心、執着《しゅうちゃく》いたせば、魔物、心に棲《す》みやすくなるのじゃぞ。出入《ではい》りしやすくなるのじゃぞ。

皆々因果じゃのう。皆々必要ゆえに学ばせて頂《いただ》いておるのじゃぞ。ありがたいありがたい、真《まこと》ありがたい。皆々ありがたい。人民声に出して、頭下げて、笑《わろ》うて下され。腹から笑《わろ》うて下されよ。悪魔も魔物らも皆々出てゆきますぞ。真《まこと》喜び感謝に生きる者に、魔物は棲《す》めんのじゃぞ。笑う腹には魔棲《す》めぬ。笑う腹には福棲《す》むのぞ。これまで一切《いっさい》をありがたく笑《わろ》うて下されよ。因果相応《いんがそうおう》に身魂磨《みたまみが》きさせて頂けたと、感謝感謝にお笑い下され。悪く申すから悪く言われるのぞ。悪く言われる元《もと》あるから顕《あらわ》れるのぞ。言《こと》、もの生むぞ。引き寄《よ》せるのぞ。氣《き》、元ぞ。言《こと》生む元、氣《き》であるのぞ。氣《き》生む元、心にあるぞ。理解いたせよ。

口先だけのお偉《えら》いさん、笑われておりますぞ。いつまでも口先だけではならぬわいのう。心言行伴《しんげんぎょうともな》う生き方、真《まこと》でありますぞ。◯《わ》の道でありますぞ。氣《き》、配りなされ。他《た》、認《みと》めなされ。己《おのれ》、理解なされ。◯《わ》の人と成りなされ。苦しみに慣《な》れて生きて下さるなよ。苦しみ浄化《じょうか》いたして、喜びに換《か》えて下されよ。まだまだ神示《しんじ》出ますぞ。神人《かみひと》遣《つか》いて、世に出して参りますぞ。新し世産《う》み出す元となる言《こと》、伝えて参りますのじゃ。縁《えん》ある者、世界中に伝え広めて下され。うれしたのしお役目なさりて下されよ。◯《わ》となりますのじゃ。唄《うた》い笑い繋《つな》がりて、世は変わりますのじゃぞ。

神人《かみひと》、容《い》れ物となりてのお働きであるから、神に遣《つか》われるが喜びであるから、ますます分からぬ喜びまだまだ訪《おとず》れて参るから、いよいよ愉《たの》しみにいたされよ。仕組み隆々《りゅうりゅう》、安心いたしお暮《く》らし下されよ。苦《く》、手放《てば》し下されよ。皆に愛されておりますぞ。離《はな》れてゆきた人民、執着《しゅうちゃく》要《い》らんぞ。皆々相応にお変わりなされて、離れゆきただけのことであるぞ。ゆえに感謝いたされよ。これまで一切《いっさい》に感謝いたされよ。必要であったのぞ。ありがたいありがたいありがたいさようならと、感謝込《こ》めて唱《とな》えよ。唱《とな》えて終えよ。自分自身を卑下《ひげ》すること要《い》らんぞ。慢心非《まんしんあら》ず。己認《みと》めよ。慢心、過信《かしん》の学びはとうに終わりておるから、もう堂々巡《めぐ》りは要《い》らんぞ。己《おのれ》信じよ。悪魔らは、過去《かこ》の残証探《ざんしょうさが》して突《つ》っつくが手であるから、いつまでも相手せんで良いぞ。いずれ諦《あきら》めて改心いたし変わりて参るから、放っておいて良いのぞ。

人民、心の掃除洗濯《そうじせんたく》、整理整頓《せいりせいとん》、自身でなさる学びであるから、これまでの思い一つ一つ思い出して、感謝に換《か》えてみなされよ。死んでからいたすでない。生きておるうちに心顧《かえり》みて、道改《みちあらた》めいたすが、真《まこと》の歩みぞ。世界中に改心改進快心《かいしんかいしんかいしん》の顕《あらわ》れ、ますます激《はげ》しくなりますぞ。人民、改心いたしたくて、罪穢《つみけが》れ過《あやま》ち一切《いっさい》が恥《は》ずかしくなりますのじゃ。真《まこと》の生き方の始めであるのぞ。神仕組み、神の氣《き》、地に注《そそ》がれておりますぞ。真《まこと》、吹《ふ》き返しますのじゃ。悪魔の想念棲《す》めぬ地と成りなりて、光輝《かがや》く御魂《みたま》、喜び働き出しますぞ。

世の立て替え立て直し、うれしうれしたのしたのし、あっぱれあっぱれ。日《ひ》の本《もと》変われば、世界は変わる。日《ひ》の本《もと》人民変わりて、世界の人民変わりますのじゃ。真《まこと》、日《ひ》の民《たみ》、外国から呼《よ》び寄《よ》せて集めて、真《まこと》の日《ひ》の国の教え説いて聞かせ、日《ひ》の本《もと》の民《たみ》、目醒《さ》ませますのじゃぞ。日《ひ》の本《もと》の民《たみ》、ますます恥《は》ずかしくなりますぞ。次々に頭下げたくなりますぞ。見た目、外国人、心、日《ひ》の民《たみ》、いよいよ掻《か》き集めて、雛型《ひながた》顕しますぞ。宇宙《うちゅう》の雛型《ひながた》でありますぞ。世の元からのお仕組み、他《た》の星の方々も次々お顕れなさりますぞ。新たな世、始まっておりますのじゃぞ。時代遅《おく》れならん、笑われる世となりましたのぞ。空見上げよ。夜空眺《なが》めよ。次々に顕れますぞ。

悪《あく》、改心いたし、地《ち》出ておゆきなされますぞ。お役目ご苦労でありましたぞ。あっぱれあっぱれじゃ。神《かみ》靈《ひ》人《と》共にうれしうれしたのしたのし世、顕れておりますぞ。神、靈《れい》、人、獣《けもの》、草木、虫けら、皆々あっぱれありがたい世、始まっておりますのぞ。苦、手放《てばな》しなされ。腹《はら》から感謝《かんしゃ》いたしなされ。これまでの一切《いっさい》に頭下げなされ。出来た者から順に新たな世、見えて参りますぞ。うれしたのし心のお仕組み。

かーみーいーずーるー
はーなーさーきーいーずーるー
よーのーみーたーまー
うーれーしーたーのーしー
かーわーるーーーーー
あっぱれはなさくよみいず
くのはなちりてまことはなさき
あらたのしあらうれしあなさやけ
ひふみよい　うるうるう　おろおろお
あーわーやーらーわー

えーみーたーめーえーみーたーめーうーるーうーおーうー

二〇一六年三月十八日　大日月地《おおひつく》大神《おおかみ》大靈団《おおれいだん》御靈《おんたま》　うれしかわる。

二十八

真《まこと》の神と魔《ま》の科学との戦《いくさ》であるのぞ。地揺《ちゆ》らし、雨降《ふ》らし、風吹《ふ》かし、魔、神に成りすましての悪行《あくぎょう》の数々いたしておること、天の靈団皆々《れいだんみなみな》分かりておるのぞ。そなたらがいかに分からぬかということの答えであるのぞ。人民、目醒《さ》まさせねばならんから、魔の仕組み見せてもおるなれど、まだまだ真《まこと》分かる人民少ないゆえ、地《ち》の大神もご苦労なれど、いよいよはっきりいたしますのぞ。地の大神様と、土《つち》の星の悪魔《あくま》ら植え付けた魔の科学との戦《いくさ》の最中でありますぞ。地の大神は、民《たみ》の命奪《うば》うことせぬゆえ、人民、早合点《はやがてん》取り違《ちが》えいたして下さるなよ。人民には分からぬなれど、万分の一、千分の一、百分の一と、大難《だいなん》を小難《しょうなん》に変えて下さりておるのぞ。誠《まこと》ありがたき思い奉《たてまつ》らねばならんのでありますぞ。

　これまで人民の中に隠《かく》れておりた悪魔らが追い詰《つ》められて、いよいよ捨《す》て身《み》でかかりておるから、人民褌《ふんどし》締め直して、皆々手合わせて乗り越《こ》えねばならんのぞ。隠れておりた悪魔ら騙《だま》してあぶり出してきたゆえ、いよいよ表《おもて》に出て大暴《おおあば》れであるから、みな本気でかかりて来ておるのでありますぞ。仮面被《かめんかぶ》りて善《ぜん》に成りすまし、悪行《あくぎょう》いたす悪魔に洗脳《せんのう》された僕《しもべ》らよ。もう恐《おそ》れ手放《てばな》して目醒《さ》ますがよいぞ。そなたらの主《あるじ》らはとうにいなくなりておりますのぞ。皆々頭下げて、マコト改心の道歩むがよいぞ。土《つち》の星の魔の靈人《れいじん》らよ。出入《ではい》りいたしての悪行《あくぎょう》の数々、すべて見させて頂《いただ》いておりますぞ。神人遣《かみひとつか》い操《あやつ》ろうとて、そなたらには使えぬ御魂《みたま》ゆえ諦《あきら》めなされよ。いよいよ皆々、因果《いんが》の元《もと》、銀河《ぎんが》の闇《やみ》に葬《ほうむ》られる時来ましたのぞ。そなたらの望み通り叶《かな》えてやりますから覚悟《かくご》なされよ。

　悪魔の世はとうに終わりておるから、大日月地大神《おおひつくおおかみ》の光に浄《きよ》められての最後の掃除《そうじ》洗濯《せんたく》に入《はい》っておりますのぞ。人民目醒《さ》まし、皆々理解《りかい》いたして、手繋《つな》ぎおうて、新たな世に向かいて下されよ。目の前に顕《あらわ》れておる苦《く》は、小難《しょうなん》に変わりた神世《かみよ》の始まりぞ。苦にお蔭《かげ》落とさぬよういたして下されよ。皆々変わる過程《かてい》にある点の苦の姿《すがた》でありますぞ。苦しみ悲しみ、感謝《かんしゃ》感謝に替《か》えて下されよ。

二〇一六年四月十七日　大日月地大神大靈団御靈《おおひつくおおかみおおれいだんおんたま》　申す。神人繋《かみひとつな》ぎのお役、ご苦労でありますぞ。

二十九

地《ち》を動かし、雨風起こし、命あるもの殺《あや》め、神に成りすましておる者おるぞ。人民、目醒《さ》まさねば子や孫《まご》、苦しめられるのぞ。善《ぜん》の仮面被《かめんかぶ》りて臣民操《しんみんあやつ》りて、人民たぶらかしておりますのじゃ。見るもの聞くものすべて、真《まこと》か嘘《うそ》か見抜《みぬ》けぬ者ばかり溢《あふ》れておるゆえ、目覚《めざ》めた者、皆《みな》を導《みちび》かねばならんのぞ。神人遣《かみひとつか》いて皆に教えるから、教え活《い》かして下されよ。靈《れい》と人とが繋《つな》がりて、真《まこと》の政《まつりごと》せねば、世はまとまらんのであるから、神世《かみよ》の仕組みに早《はよ》う生きて下されよ。真《まこと》分からん者が皆をたぶらかして、善人に成りすましておいでじゃ。肩書《かたが》き、当てにならんのぞ。騙《だま》されるのは騙されるだけのものであるからぞ。見極《みきわ》める目持たぬ偽物《にせもの》、未熟者《みじゅくもの》であるからぞ。

真心《まことごころ》、育《はぐく》めよ。他《た》、愛する心、育めよ。他《た》は、無限《むげん》に在《あ》るぞ。土から生まれる草木に、みな生かされておるのぞ。草木の心になられて下され。天地《あめつち》から喜び頂《いただ》いて、天《あめ》地《つち》にひれ伏《ふ》し、感謝《かんしゃ》感謝で皆々《みなみな》共に分けおうて生きて下されよ。人民の物、何一つ無いのでありますから、皆々神より頂いて下されよ。これ、神世《かみよ》の生き方でありますのぞ。魔《ま》の世は終わりたから、今人民が観《み》ておるは、過去《かこ》の残像《ざんぞう》でありますのじゃ。新たな世、始まっておりますぞ。これから次々顕《あらわ》れてきますから、安心いたして新たな世に相応《ふさわ》しい生き方なされよ。まだまだ、悪魔《あくま》らの仕組みた顕れ残ってはおるが、みな残像でありますのじゃから、お蔭《かげ》落とさぬよういたし下され。今に人民みなみな目《め》覚《ざ》めてきて、なんとしたことかと改心させられますから心配無いなれど、人民改心遅《おそ》くなればなるほどに、恥《は》ずかしくて生きてゆきにくくなりますから、くどう申しておりますのじゃぞ。

嘘偽《うそいつわ》り多数の世は、終わりますのぞ。真善《まことぜん》少数の世、始まっておりますのじゃ。元《もと》の元の世に戻《もど》してまいりますのじゃ。悪魔入《はい》り込《こ》む前の世に戻しますのぞ。害《がい》あるものすべて無くいたしますぞ。無害な世が真《まこと》の世でありますのじゃぞ。人民よ、悪《あく》自由の世は皆々苦しむ世であること分かりたか。善《ぜん》自由の世は、皆々喜ばせる世でありますのぞ。ゆえに厳《きび》しくもありがたい教え、学び顕す世でもありますぞ。してはならんことはならんと、真《まこと》の法に生きる世でありますのじゃぞ。草木、獣《けもの》、虫、人、山川海、土水氣《つちみずき》、衣食住医政教《いしょくじゅういせいきょう》、皆々すべてが清らかなる形に在《あ》り続けられる仕組みの世に変わりますのぞ。真《まこと》の教えが地に広がり深まり、根つき花咲《さ》き実《みの》らせ、末代《まつだい》続く天晴《あっぱ》れうれしたのし光満《み》つ世になりますのじゃぞ。

己《おのれ》出来ること、何でもさせてもらいて、悔《くや》まぬ生き方なさられよ。皆々見られておりますぞ。そなたの御魂《みたま》に刻《きざ》まれておりますのぞ。因果《いんが》のままに顕れてくる、うれしたのしこわいありがたい神仕組みでありますぞ。死んで終わりでないぞ。必ず生まれ変わり、相応《そうおう》の学びさせますのぞ。恥《は》じぬ生き方、見極《みきわ》めなされよ。方便の世は、とうに終わりましたのじゃ。己の尻《しり》は己で拭《ふ》きなされ。ご利益信仰《りやくしんこう》は、我良《われよ》しご都合主《しゅ》義《ぎ》ばかり集める、低き靈らが憑《かか》る惑《まど》いの想念《そうねん》ぞ。真《まこと》の信仰、見極めなされよ。見極められるようになりますぞ。真《まこと》に生きる人になれますぞ。感謝手向《かんしゃたむ》ける生き方になりますぞ。目に見えるもの、一つ一つに感謝なされれば、必ず運開けますのぞ。すべての人に感謝してみなされ。愛されますぞ。感謝出来ぬ者、喜び少ないのぞ。嘘《うそ》は申さん。人民、分かりて下されよ。変われ変われ、どんどん変わりなされ。遠慮《えんりょ》のうお変わり下されよ。うれしうれし、たのしたのし、ありがたいありがたい、わらえわらえ、うたえうたえ、おどれおどれ、つながれつながれ、かわれかわれ、あっぱれあっぱれ。

神世《かみよ》に花咲く御魂溢《みたまあふ》れ
実《みの》らす時　待ち遠し
ありがたやありがたや
神靈人《かみひと》共に歩む道
笑い溢れる真道《まことみち》
氣《き》が元《もと》　すべて顕《あらわ》る神世道《かみよみち》

ありがたやありがたや

神人唄《かみひとうた》う顕れる。うれしたのしありがたい。共に在《あ》るぞ。うるうおうでありますぞ。

分かる者分かりますぞ。

二〇一六年五月一日　大日月地大神大靈団御靈《おおひつくおおかみおおれいだんおんたま》　神人遣《かみひとつか》い申す。あっぱれあっぱれ。

三十

悪《あく》、人陥《おとしい》れるやり方、不和好むぞ。親しき振《ふ》りして忍《しの》び寄《よ》りて、そなた取り込《こ》むぞ。感情支配《かんじょうしはい》いたすから気つけよ。弱みつけ込んで、そなた陥《おとしい》れるぞ。物に弱ければ物で、人に弱ければ人で、色に弱ければ色で、そなたを取り込みて魔《ま》から逃《のが》れられぬようにいたすやり方じゃから、気つけねばならんぞ。取り込まれるは取り込まれるだけの元《もと》あるからぞ。身魂磨《みたまみが》きせねば魔にやられ放題、案山子《かかし》であるのぞ。国の民《たみ》、見てみよれ。九割案山子《きゅうわりかかし》ぞ。毒食わされ毒吸《す》わされ毒に囲まれておっても、金《かね》出して喜んでおいでじゃ。悪魔《あくま》らは、神の民陥《たみおとしい》れて僕《しもべ》といたし神に勝ったつもりでおったが、悪魔らは負けたのであるぞ。降参《こうさん》いたし別の星に流されましたのじゃ。悪態《あくたい》いた

す は悪魔の僕《しもべ》となりてまだ目覚《めざ》めぬ人民と靈人《れいじん》だけぞ。今に目覚《めざ》めて皆々様方に詫《わ》びる時来ますぞ。

方便で申しておらぬのぞ。分かる人民靈人、うなぎ上《のぼ》りであるぞ。世は変わっておるのぞ。悪魔の計画に怯《おび》えるでないぞ。残像《ざんぞう》であるから、腹《はら》喜び据《す》えて地《ち》の大神様に感謝《かんしゃ》いたしお暮《く》らし下され。胸《むね》に正十字《せいじゅうじ》に◯《まる》いたし、手当て、うーるーうー申し下され。我《われ》ら靈団浄《れいだんきよ》めに現《あらわ》れますぞ。魔、捕《つか》まえに参るから遠慮《えんりょ》せず呼《よ》んで下されよ。人民だけではなかなか難《むずか》しいことあるから、靈《れい》、人、共に歩まねばならんから申しておきますのぞ。

人集め金《かね》集めいたして偉《えら》そうに申すものではないぞ。見極《みきわ》める目持たぬと、真《まこと》見て偽《いつわ》りと申す嘘《うそ》つきとなりますぞ。そなた、真《まこと》見極《みきわ》められる者かな。分かる振りしておらぬかな。分からぬこと偉そうに申しておらぬかな。御魂相応《みたまそうおう》であるのぞ。地に頭つけて腹から感謝出来る者か。人に頭下げて感謝出来る者か。出来ぬ者、偉そうにいたすでないぞ。悪魔の僕《しもべ》、悪《あく》自由の虜《とりこ》となりた者であるから世は任《まか》せられぬのぞ。人民、そなたら目覚《めざ》めぬ限《かぎ》り他《ほか》の星の方々と新たな世創《つく》れぬのぞ。真《しん》と偽《ぎ》と分かる者になりて下されよ。分からぬ者が偉そうにいたす世は終わったのであるぞ。

真光《まこと》り世《よ》開《ひら》き天晴《あっぱ》れ新し地動く
うれしうれしたのしたのしありがたいありがたい
うーるーうーるーうー
おーろーおーろーおー
あーらーわーらーわー
えーれーえーれーえー
いーりーいーりーいー
わーわーわー
あっぱれうつくし　よのみちひらき
ことわりみちてあらわれし

あまねくよろこび
みちみつうつしよはじまりて
神人《かみひと》現《あらわ》る世《よ》開《ひら》き
あーらーわーるーるー
言靈《ことたま》幸《さきわ》いてうれしたのし
あーらーわーるーるー
絵《え》の餅《もち》現るあっぱれうれしたのし世となる

二〇一六年五月二十一日　大日月地《おおひつく》大神《おおかみ》大靈《おおれい》団《だん》御靈《おんたま》　結ぶ。
神靈人《かみひと》共に在《あ》る世、うれしたのしありがたや。

三十一

神示《しんじ》、声出して読みなされ。御魂相応《みたまそうおう》に受け取れますぞ。それぞれに学び、改心いたすのぞ。言靈《ことたま》に変えて浄《きよ》めとなされよ。善《ぜん》も悪《あく》も変わるのぞ。人の心変われば、世一変《いっぺん》いたすのぞ。人の心支配《しはい》いたして来た者らが次々に消えておりますのぞ。改心いたした順にうれしたのしであるのぞ。皆々《みなみな》そなたに必要ゆえ、引き寄《よ》せて学ばせておるのぞ。見ているつもりであろうがそなた見られておるのであるぞ。一つ一つ皆々そなたの心を見ておるのぞ。見られておらぬと思うは靈《れい》に対し無知ゆえでありますぞ。見えぬ聞こえぬ分からぬは、偉《えら》そうに申すことではないのぞ。

人の科学、靈の科学に及《およ》ばぬぞ。苦しくて分からなくなるのは、そなた慢心《まんしん》ゆえであるのぞ。人の作りた学だけでは分からんのぞ。人の学は靈与《あた》えてきたもののひと握《にぎ》りぞ。他《た》の星から頂《いただ》いた科学でありますぞ。無いものねだりて人妬《うらや》むでないぞ。恥《は》ずかしきことゆえ心顧《かえり》みて下され。有る者眺《なが》めて嫌《いや》み申すでないぞ。必要とされて有る者であるのぞ。そなたにも喜び与えてあるでないか。与えられてあるものに感謝《かんしゃ》せずして不足申すは親不孝《おやふこう》でありますぞ。皆々それぞれ必要に応《おう》じて、御魂《みたま》相応に与えられておるのぞ。分かりたか。

健仁《たけひと》、あっぱれ良き時来たり。うれしたのし。神人《かみひと》共にお役目、表《おもて》出て参りて、世変えて参りますのぞ。靈団《れいだん》みなお願い申すぞ。ありがたいありがたい。

二〇一六年六月十四日　大日月地《おおひつく》大神《おおかみ》大靈団《おおれいだん》御靈《おんたま》　繋《つな》ぐ。

三十二

機来《ききた》りて地《ち》の王唄《おううた》う。
変わる変わる変わる。
うーるーうーるーうー
おーろーおーろーおー
あーらーわーらーわー
えーれーえーれーえー
いーりーいーりーいー
うーるーうーおーーー

あ、い、う、え、お
か、き、く、け、こ
さ、し、す、せ、そ
た、ち、つ、て、と
な、に、ぬ、ね、の
は、ひ、ふ、へ、ほ
ま、み、む、め、も
や、ぃ、ゆ、ぇ、よ
ら、り、る、れ、ろ
わ、ゐ、う、ゑ、を、ん、ぅー
あいうえお祝詞《のりと》であるぞ。
御魂浄《みたまきよ》めの言靈《ことたま》でもありますぞ。

やまとの民《たみ》、心清め真《まこと》の和の民《たみ》に戻《もど》らねばならんぞ。外国御魂《みたま》に成りすましておいでじゃが、もう終わりになされよ。顔、外国人でも、心、日《ひ》の民《たみ》、次々縁《えん》ある者現《あらわ》れて、和の心、真《まこと》の民《たみ》のあり方、世にお教え下さるぞ。日《ひ》の本《もと》に生まれし人民よ、早《はよ》う目醒《さ》まして真《まこと》の民《たみ》に戻りて、地《ち》の神人《かみびと》とならねばならんのぞ。

地、治める、真《まこと》、政《まつりごと》せねばならんのぞ。皆々《みなみな》仲良う手合わせ、世の立て替《か》え立て直しいたし下されよ。靈《れい》、人、共に歩まねばならんから、真《まこと》伝える靈団靈人《れいだんれいじん》の言葉よく聞いて、これまでの垢《あか》落として下され。癖《くせ》、偽《いつわ》り、慢心《まんしん》、こびりついておるから、神示《しんじ》声出して読みて、心の垢《あか》洗い流して、綺麗《きれい》さっぱり真人《まことびと》となりて、あっぱれお役目お励《はげ》み下されよ。

身魂《みたま》の掃除洗濯《そうじせんたく》出来た人民から順に、靈団皆々で守護《しゅご》いたして参りますから、あっぱれお役目にお喜び下されよ。魔物《まもの》らの世は、とうに終わりておるのじゃ。魔物ら皆々次々変わりて、改心させ他《ほか》の星に移《うつ》しておりますのぞ。似《に》た者同士戯《たわむ》れ、皆々喜んでおいでじゃ。

隠《かく》れておる者ら早《はよ》う出て参れ。恐《おそ》れずとも良いぞ。良きよういたすゆえ、逃《に》げ隠れ成りすましするでないぞ。うの大神、お救い下されと申せよ。皆々救ってやりますぞ。この地から、魔物は皆々おらなくなりますのぞ。地の靈界《れいかい》のお掃除、大忙《おおいそが》しでありますぞ。人民の中に隠れておる者あまりに多いゆえ、見つけるのが難儀《なんぎ》なれど、神示縁《しんじえん》ある人民、声上げてお読み下されよ。隠れておる魔物ら苦しくなりて、暴《あば》れながら表《おもて》に出て参りますから、胸《むね》に塩当て、上から指で正十字《せいじゅうじ》に◯《まる》いたし、掌《てのひら》当てて、うーるーうー、大日月地大神大靈団守《おおひつくおおかみおおれいだんまも》り給《たま》え浄《きよ》め給《たま》え、と言靈《ことたま》にいたして我《われ》らに申し下され。すぐに顕《あらわ》れて助靈《じょれい》いたしますからお願い申しますぞ。己《おのれ》の御魂浄《みたまきよ》め出来たら、縁ある者皆々お清め下されよ。胸と腹《はら》に塩置いて、うーるーうーとお清め下され。

人民、おふざけは要《い》らんぞ。因縁背負《いんねんせお》い苦しくなるから気つけよ。魔物ら、善《ぜん》の仮《か》面被《めんかぶ》りて成りすまし隠れておいでじゃから、人民お手伝い下さらねば、魔物祓《まものばら》いも時《とき》食《く》うばかりでありますぞ。長引けば長引くほどに人民苦しくて、魔物に操《あやつ》られ負の念《ねん》に囚《とら》われて可哀想《かわいそう》じゃから申しますのじゃ。神人唄《かみひとうた》い奏《かな》で、人民浄《きよ》めの儀《ぎ》いたしてもおるが、一人では追いつかぬゆえ、まこと縁《えん》ある者お力添《そ》えて下され。皆々引き寄《よ》せて下されよ。皆でやらねばなかなか進まんのぞ。和の力顕《あらわ》れ浄《きよ》め、立て替《か》え立て直しとはこのことでありますぞ。あっぱれ人民、あっぱれ変わりますぞ。神人《かみひと》進む。真伝《まこと》え広がり変わる世の顕れぞ。

二〇一六年六月十六日　大日月地大神大靈団御靈《おおひつくおおかみおおれいだんおんたま》　申す。

三十三

神事《かみごと》は、神奉《たてまつ》りしこと。神とは、宇宙《うちゅう》であり、日月地星《ひつきちほし》すべてであり、自然、森《しん》羅万象《らばんしょう》であり、愛であり、歓喜《かんき》であり、光であり、闇《やみ》であり、生であり、死であり、心であり、命在《あ》るもの顕《あらわ》す意であるぞ。〇ゝであるぞ。◎ゝであるぞ。願い叶《かな》えるは、靈《れい》人《じん》であるのぞ。靈人は人民の友でありますぞ。親しきものでありますのぞ。ゆえに守《しゅ》護靈殿《ごれいどの》、指導靈殿《しどうれいどの》と申し感謝《かんしゃ》いたされよ。他《た》の靈人らは、皆《みな》生まれ変わりて学び下されよ。

神奉《たてまつ》るとは、人の生き方で申すならば自然破壊《はかい》せぬ生き方ぞ。水、気、土、山、川、海、一切汚染《いっさいおせん》せぬ生き方ぞ。真世《まことよ》の仕組み顕す在《あ》り方ぞ。今の人民、魔物《まもの》らに尻《しり》敷《し》かれた外道《げどう》の仕組みに生きておるぞ。人さえ良けりゃ良いと申すは、傲慢極《ごうまんきわ》まりなき悪魔《あくま》の僕《しもべ》と化して操《あやつ》られておるのぞ。真《まこと》の人民の生き方は、万民《ばんみん》に対し、獣《けもの》にも草木にも虫けらにも優《やさ》しくいたすが元《もと》の元の元の元の教え。大いなる和、他一切《たいっさい》を貴《とうと》ぶ生き方、喜び顕すことでありますぞ。

他《た》貴ぶこと教えぬ世は、悪魔の世。金《かね》の世とは、人民、悪魔らの僕《しもべ》にいたし、逆《さか》らえぬように作り上げた仕組み。悪魔らの負《ふ》の遺産《いさん》じゃ。いつまで金崇《かねあが》めておいでかな。一割《いちわり》もおらぬ者らが食い切れんだけ皆から取り上げて、九割《きゅうわり》の者ら食えんで苦しんでおっても、知らん存《ぞん》ぜぬでもまだ分からぬか。悪魔に騙《だま》されておっても、人民まだ目《め》覚《ざ》めたくないのか。皆で分けて皆が食える世が、真《まこと》の世の姿《すがた》ぞ。早《はよ》う目醒《さ》ましなされよ。モノに執着《しゅうちゃく》いたすでないぞ。癖《くせ》、手放《てばな》せよ。恥《は》ずかしきことであるのぞ。世は変わるぞ。既《すで》に変わりてもおるぞ。悪魔らは、わしらが皆々捕《みなみなつか》まえて引っ張《ぱ》り出しておりますから、いよいよ逃《に》げも隠《かく》れも出来ぬから、捕まるのも時間の問題なれど、人民いつまでも騙されて、金《かね》じゃ金じゃと申すでないぞ。騙されておること威張《いば》るでないぞ。持ちきれぬほど抱《かか》えておっても誰《だれ》も喜びにはならんであろうに。皆に認《みと》められたいか。皆に愛されたいか。ならば、皆々お上げなされよ。欲《ほ》しい者らに、どんどんくれてやりなされ。皆々喜びますぞ。そなた皆に愛されますぞ。友、たくさん出来ますぞ。人より多く持っておっても何もならん。皆で使わねば喜びは小さいのでありますぞ。人民、小さいなあ。小さい器《うつわ》の輩《やから》、まだまだ偉《えら》そうにいたしておるなあ。鼻《はな》ぽきんと折れて花咲《さ》かせますぞ。皆様に観《み》て頂《いただ》き、笑って貰《もら》いなされよ。頭下げるのぞ。どこまでも頭下げて、腹《はら》からお詫《わ》び申せば良いのでありますぞ。

人民、皆で手分けいたして分け合う仕組み、お考えなされよ。政《まつり》は、人民みなみな喜ばす仕組み考えることでありますのじゃ。靈団靈人《れいだんれいじん》はお手伝いじゃ。金《かね》集め人集め、一部の者らの私利私欲《しりしよく》満《み》たす仕組みは、もう要《い》らんのでありますぞ。いよいよ世のお偉《えら》いさん、すべて丸裸《まるはだか》にされて笑われるようになりますから覚悟《かくご》いたされよ。靈団靈人も次々改心いたし、魔《ま》の仕組みも解体《かいたい》いたし無くしておるのじゃから、いずれ人民の世にも顕れて来るなれど、人民、魔物ら腹に入れておっては苦しみ長引かせるから、塩飲ませ塩漬《づ》けにせぬと目醒《さ》めぬようではまったく役に立たぬから、早《はよ》う癖《くせ》、思い込《こ》み手放《てばな》せよ。

他《た》の星の方々、皆々ご覧《らん》になられておりますぞ。そなたらのご先祖《せんぞ》様らじゃ。地《ち》の民《たみ》の肉体創《つく》りたご先祖様方でありますのぞ。星が違《ちが》えど家族同胞《はらから》と思いて見守っておいでじゃ。立派《りっぱ》でありますぞ。そなたらの成長見守りて必要に応《おう》じて、見返り求めずとも人民のためにお働き下さっておりますのじゃ。真《まこと》の祖先は、墓《はか》の中にはおらんぞ。空の上から船乗りて、地視廻《ちみまわ》しておりますのぞ。これ例えで申してはおらんのぞ。悪《わる》さいたした星の者らは、おのおの見合った行《ぎょう》いたさすため、既《すで》に地にはおらんのでありますから、人民安心して良いのぞ。靈団靈人も怖《こわ》がらなくとも、もう良いのでありますぞ。地は、目覚《めざ》めた靈人、人民らに任《まか》せて参るから、早《はよ》う真《まこと》学びておのおのお役目にお喜び下され。皆々必要なお役、元より与《あた》えてあるから、目覚《めざ》めた者から順にうれしたのしあっぱれお役に生きられますぞ。

手放《てばな》せよ。執着《しゅうちゃく》、手放せよ。癖《くせ》、外《はず》せよ。己《おのれ》に言い聞かせよ。己は変わる変わる変わると、真《まこと》の己に変わる変わる変わると、何度でも言い聞かせよ。御魂《みたま》、震《ふる》えるぞ。力出すぞ。執着、癖、吹《ふ》っ飛《と》びますぞ。真《まこと》の己が世に現《あらわ》れて参りますぞ。皆々様方に喜んで頂ける貴《とうと》き者にそなた変わりますのじゃ。求めよ。まずは人民、真《まこと》求めるところからじゃ。

二〇一六年六月十六日　大日月地大神大靈団御靈《おおひつくおおかみおおれいだんおんたま》　変わる変わる変わる世の仕組み現《あらわ》る。

三十四

悪魔《あくま》が綴《つづ》らせた計画書は、人々を欺《あざむ》き陥《おとしい》れる筋書《すじが》きであったのじゃが、地《ち》の民《たみ》の因《いん》果《が》は地の民が決めるものであるゆえ、悪魔ら決めることではないのでありますぞ。悪魔らによる思惑《おもわく》は九分九厘《くぶくりん》で終わる、神の筋書きじゃ。悪魔らも知らぬどんでん返しでありますぞ。

悪魔らは思考を操作《そうさ》いたして、地の民を、靈人《れいじん》らを僕《しもべ》といたして、これまですべて計画通りに出来たと思い込《こ》んで他《た》の星に移《うつ》りたが、すべては思い込まされたのでありますのぞ。騙《だま》したつもりが騙されて終わった因果じゃなあ。何もかも神仕組み、因果の仕組みじゃなあ。どんな悪魔らとて逃《のが》れられぬ真《まこと》の大神のお仕組みじゃ。悪魔ら産《う》んだ大神の仕組み、変えられんのぞ。悪魔らも大親《おおおや》には敵《かな》わぬわいのう。

人民、騙されやすいから分からぬのも無理ないなれど、地《ち》の大神様とことん我慢《がまん》なされて、大難《だいなん》、小難《しょうなん》にいたし下さりてのたいそうなお働きでございましたぞ。ウの大神、お移《うつ》りになられて新たな世の始まりとなられましたのじゃ。悪魔らのどえらい仕組み、人民も靈人らも難儀《なんぎ》であったなれど、身《み》をもって学ばせ因縁解消《いんねんかいしょう》させてからでなければ、次には皆々《みなみな》進めぬ道理であるから、苦しむこと余儀《よぎ》ないなれど、世の顕《あらわ》れには時間のずれあるなれど、どんどんこれから良くなって来る仕組みでありますから、楽しみに生きて下されよ。今の苦しみは、過去《かこ》の因縁因果の解消の顕れであるから、終わりではないのであるのぞ。悪くなっているように見えて良くなってゆくのが、どんでん返しの仕組みでありますぞ。うれしうれしたのしたのしじゃな。今の顕れに憂《うれ》うでないぞ。お蔭《かげ》落とすでないぞ。借金払《しゃっきんばら》い、因縁祓《ばら》い、悪魔祓《ばら》いの残像《ざんぞう》でありますのじゃ。

ありがたいありがたい。かわるかわる。ありがたいありがたい。見事あっぱれなお仕組みぞ。

二〇一六年七月四日　大日月地大神大靈団御靈《おおひつくおおかみおおれいだんおんたま》　伝える。神人《かみひと》繋《つな》ぐ。

三十五

一つ一つ進むのが良いのであるぞ。皆々《みなみな》御《み》魂《たま》相応《そうおう》進むが喜びぞ。人類みなみな良きに変わるのぞ。生まれ変わり死に変わり、因縁因果《いんねんいんが》に応《おう》じた道つけて歩かせておるのが神の愛じゃ。仕組みじゃ。顕《あらわ》れぞ。靈《れい》も人も皆々変わるのが仕組みであるから、変わらぬもの何一つ無いのであるから、いかに変わるかは神の愛に包《つつ》まれながらすべて許《ゆる》されておるのじゃ。焦《あせ》らんで良い。怖《おそ》れんで良いぞ。靈も人も、獣《けもの》、虫、草木すべてが、御魂《みたま》相応に変わるのみじゃ。おのおの因縁因果だけ顕れては消え、与《あた》えられては失いながら、出会い別れの仕組みにあるのみぞ。私らは皆々お手伝いであるから、皆々それぞれに応じた学びの手伝いさせて頂《いただ》きながら、どこまでも皆のお伴《とも》いたすゆえ、お声掛《こえが》け下されよ。守護靈《しゅごれい》で良いぞ。靈団《れいだん》、御靈《おんたま》でありますぞ。御魂《みたま》相応に顕れますぞ。胸《むね》に両手当て、話しかけて下されよ。神人《かみひと》同様何でも話を聞いてやるぞ。聞くだけ聞いてやりますのじゃぞ。良いか。願い叶《かな》える手伝いは、そなたらに近い靈人《れいじん》らにお頼《たの》みなされよ。それぞれ相応のお役目ありますのぞ。

真《まこと》の神は、喜び与え続けておるゆえに、これ以上喜び与えられぬのぞ。人民、己《おのれ》で喜び深めるのみぞ。分かりたか。真《まこと》の神、日々《ひび》拝《おが》みなされよ。拝めば拝むほどに喜び深められますのぞ。拝むとは、感謝《かんしゃ》申し上げることぞ。金払《かねはら》って願い事申すことと違《ちが》いますのじゃ。人神《ひとがみ》、神でないぞ。人靈《じんれい》ぞ。神々様、神々様でないぞ。靈団でありますぞ。成りすましの世は終わりて、借金《しゃっきん》返させて、綺麗《きれい》サッパリ身魂《みたま》磨《みが》き因縁磨きさせて、次の世に入れて頂きなされ。出来た者から順に変わっておりますのじゃ。まことうれしたのしありがたくなりますのじゃ。成りすまし、ないのでありますぞ。嘘《うそ》つきは嘘つきの因果に苦しむのぞ。素直《すなお》に真《まこと》に生きられなされよ。人殺《ころ》して獣《けもの》殺して幸せにはなれぬ道理でありますぞ。命傷《きず》つけ殺《あや》めるは、己の心傷つけ愛《いつく》しむ心殺《あや》めることであるから、真《まこと》の喜び得られぬのぞ。分かりたか。愛《いつく》しむ心でねば、真《まこと》の喜び得られんのじゃ。

神、そなたの心ぞ。顕れぞ。己、神の中ぞ。神にも、悪神《あくがみ》と善神《ぜんがみ》ありますぞ。悪の悪神、悪の善神、善の悪神、善の善神、ありますぞ。善悪の悪善神、悪善の善悪神、ありますぞ。顕れますぞ。仕組みでありますぞ。意思想念《いしそうねん》でありますぞ。力ぞ。働きぞ。おのおのの次元世界《せかい》でありますぞ。無有《むう》ぞ。表裏《おもてうら》ぞ。一つぞ。無限《むげん》ぞ。永遠《えいえん》でありますのじゃ。人民に分かりやすく申しておるのぞ。腹《はら》で悟《さと》れよ。軸《じく》に据《す》えて下されよ。神、御魂《みたま》相応に映《うつ》りますのぞ。神、摑《つか》めよ。手放《てばな》せよ。思えよ。望めよ。共に在《あ》れよ。神の中で在《あ》りますぞ。良くも悪くも、皆々神の中ですべて見させて学ばせておるのじゃ。靈人らも同じでありますぞ。学べよ。外《はず》せよ。真《まこと》、摑めよ。他《た》、愛《いつく》しむ心広げること、真《まこと》の修行《しゅぎょう》じゃ。皆々御魂《みたま》相応、生きておりますぞ。ひっくり返りて参りますぞ。日《ひ》の民《たみ》、真《まこと》に生きて下されよ。他《た》、愛《いつく》しむ生き方なされて下されよ。日《ひ》の民《たみ》、元《もと》の元の元の民《たみ》ぞ。他《た》、愛《いつく》しむこと喜び生きる和の民《たみ》でありますぞ。目醒《さ》ませよ。愛に生きなされよ。和の民《たみ》の真《まこと》の教えでありますぞ。

あっぱれうれしうれしたのしたのしかわるかわる。日《ひ》の国目覚《めざ》め、民《たみ》変わる。世直し喜び勇む日《ひ》の民《たみ》ますます動く。動く。動く。変わる。変わる。変わる。あっぱれじゃ。あっぱれじゃ。みなみなあっぱれでありますぞ。目覚《めざ》め夜明けの歌唄《うた》う。喜びの歌唄う。あーわーやーらーわーうーるーうーおー。

神顕《あらわ》れ現《うつ》し、神顕れ人動く。

二〇一六年七月四日　大日月地《おおひつく》大神《おおかみ》大靈《おおれい》団《だん》御靈《おんたま》　顕る。動く言葉である。

三十六

言葉はいかようにでも受け取れるのであるぞ。御魂相応《みたまそうおう》であると申しておろうに。そなたの思いはそなたの価値観《かちかん》であるのじゃから、答えにはならんのう。己《おのれ》が己がの輩《やから》は、どこまで行っても議論《ぎろん》、戦《いくさ》、好むのぞ。他《た》より秀《ひい》でていると思い込《こ》んでおる鼻《はな》高《たか》さんじゃ。幼《おさな》い者のありようじゃぞ。別の見方学べる己尊《とうと》べよ。己の見方押し付け、他《た》見下げる己、早《はよ》う捨《す》てて下され。この事、世の立て替《か》え、己の立て替えでありますぞ。己、立て替え出来ねば新たな世は見えぬ分からぬゆえ、先に進めんのでありますのぞ。その時々の教えありますのぞ。本物じゃ偽物《にせもの》じゃと議論いたしておるは、そなたらの思い込み、執着心《しゅうちゃくしん》でございますのじゃ。

厳《きび》しきこと申すは親心ぞ。そなたら貶《おとし》めるためではないのであるから、取り違《ちが》いなさるるでないぞ。味噌《みそ》を糞《くそ》と取り違えるでないぞ。後《のち》の人に笑われますぞ。御魂《みたま》相応、鏡《かがみ》となりて皆々《みなみな》見せておろうに、まだ分からぬか。愛する思い、相《あい》する思い、他《た》と己《おのれ》を重《かさ》ね合わせる思いでありますぞ。表裏《おもてうら》でありますのじゃ。いかようにでも思い取れるから、己次第《しだい》の仕組みで顕《あらわ》れて参りますのじゃぞ。悪《あく》に魅入《みい》られれば悪《わる》く見え、善《ぜん》に抱《いだ》かれれば良く見え、皆々そなたの心の映《うつ》しのままであるのじゃ。じゃと申せ、悪《あく》は一や三を、五にでも八にでもすり替えて思わせるやり方好むから、人民殿《どの》、見極《みきわ》める眼《め》、心の眼、鍛《きた》えに鍛え磨《みが》かねば、すべて悪く思うようにされてしもうて、自《みずか》ら悪の僕《しもべ》と化して、悪想念《あくそうねん》広げるようになりますから、気つけねばならんのでありますぞ。偽善《ぎぜん》も同じでありますから目醒《さ》まされよ。いつまでも知らん存《ぞん》ぜぬで逃《のが》れられぬから、早《はよ》う腹据《はらす》えて下されよ。

健仁《たけひと》とてこれまで仕組み知らぬとて、鍛えに鍛え苦しみ与《あた》え学ばせ、悪に忍《しの》び込ませ悪の世調《しら》べさせ、一時《いっとき》は魔の僕《しもべ》となりての御用《ごよう》までさせて来たなれど、お役変えて、悪の善から善の善に戻《もど》られましたのぞ。お役と申せ、苦しみ長きものであったから真《まこと》ご苦労でありましたぞ。悪に入《はい》らねば悪に染《そ》められたものら救えぬゆえに、悪の善となりて悪に成りすまし、悪にある御魂《みたま》ら導《みちび》いて来ましたのじゃ。ゆえに、靈人靈団《れいじんれいだん》、地《ち》の民《たみ》も次々と変わられましたのぞ。因縁解消《いんねんかいしょう》させ手放《てばな》させ先に進ませ、新たな世の礎《いしずえ》こしらえて参りましたのじゃ。

神仕組みの一つでありましたぞ。縁《えん》ある御用《ごよう》の靈人靈団殿、人民殿、共にお役目まことご苦労でありましたぞ。お力添《ちからぞ》え下さり大靈団御靈《おおれいだんおんたま》みなみなで感謝《かんしゃ》申し上げますぞ。いよいよ神一厘《かみいちりん》の仕組み整《ととの》いて新たな世の立て替え、堂々たる光輝《かがや》く、喜び充《み》ち満《み》つ顕《あらわ》れとなって参りますのぞ。天晴《あっぱ》れうれしうれしたのしたのし世顕れ、光映《うつ》す幕《まく》開《あ》けでありますぞ。

言葉、磨《みが》かれよ。あいうえお、貴《とうと》びなされよ。あーおーうー、えーいー、でありますぞ。あー、幾重《いくえ》にも意味いたしますぞ。十《じゅう》にも百にも意味取れますのじゃ。聞き取れる耳、見極《みきわ》める目、考える心、皆々養《やしの》うて下されよ。心と心で話せるようなりて下されよ。他《た》と己《おのれ》の心合わせねば、分からんのでありますぞ。他を理解《りかい》しようとする己となり、他を理解出来る己であり続けて下され。地の民《たみ》みなみな同じ課題与えてありますぞ。それ出来たれば次の世は、宇宙《うちゅう》の皆々様方とお話しいたしながら、新たな地創《つく》りて参りますのじゃ。元《もと》の元の元の神、カミ、かみ、上《かみ》、下《カミ》、カムイ、と共に暮《く》らして参りますのじゃ。人民の心のままにでありますのぞ。

あっぱれじゃあっぱれじゃなあ。かわりかわりてうれしうれしたのしたのしうーるーうーおー。

神人唄《かみひとうた》う、共に唄う。

あーわーやーらーわー
うーるーうーるーうー
おーろーおーろーおー
かーみーひーとーうーるーうーおー

二〇一六年七月二十一日　大日月地大神大靈団御靈《おおひつくおおかみおおれいだんおんたま》　笑い溢《あふ》るる。良きかな良きかな。

三十七

これからのことであるぞ。人は意の向《む》け方学びて、あらゆるもの生み出せること理《り》解《かい》深めて参るのじゃ。身体《からだ》も変わるぞ。心のままにいかようにでも変われるのじゃ。目瞑《つむ》りて何思うか。思いの世界、心の世界学びて、己《おのれ》に流れ来る念《ねん》、思考の出所《でどころ》分かるようになりますぞ。靈意識《れいいしき》じゃ。肉体意識から離《はな》れ、靈人《れいじん》としての己何者であるか、一つ一つ分かるようになりますのぞ。心とは何か、はっきり分かる世に変わってゆくのじゃ。心の中とは靈意識ぞ。すべては心のまま靈の世界より顕《あらわ》れるから、心の世界、靈の世界分かれば、真喜《まこと》び充ち満《みみ》つ己となりますのじゃなあ。

人民も靈人も意の出所《でどころ》分かれば、己分かるのぞ。己、何者であるか、己が分かれば、うれしうれしたのしたのし晴れやかとなりますぞ。念、受け取れる器《うつわ》、心じゃ。心とは、己が頂《いただ》く念の容《い》れ物であるのぞ。念、色々な所から流れ来ては、器に注《そそ》がれますのじゃ。甘《あま》いもの、辛《から》いもの、苦《にが》いもの、酸《す》いもの、塩からいもの。赤青黄白黒、色々混《ま》ぜこぜいたされ、心の味、心の色、次々日々《ひび》顕れますぞ。皆々《みなみな》日々変わりますのぞ。己、心の器の中にある念頂いて生きておりますのじゃ。出所《でどころ》は色々あると申したなれど、十二ある川より流れ来て注《そそ》がれますぞ。一つの川の元《もと》はさらに五つの川に分かれており、さらに元は五つずつどこまでも分かれておりますぞ。元の元の元を辿《たど》れば、湧《わ》き出《い》ずるは神々様の泉《いずみ》から脈々《みゃくみゃく》と流れ来るのぞ。澄《す》んだ水のごとき念頂けば澄んだ思いとなりて生きられますぞ。念の流れ、皆々己で選べますのじゃぞ。分かりたか。そなたの心の器の中にある念の出所《でどころ》分からねば、いつまでも流れ来て飲み続けねばならんのぞ。喜怒哀楽《きどあいらく》すべてが身体《からだ》に顕れますぞ。そなたが選んだ飲み物でありますから、誰彼《だれかれ》悪く申されんのじゃぞ。

じゃがちっとばかり裏《うら》ありますぞ。隠《かく》れてこそこそと、人民らの心の器に流れる川に、毒となる念撒《ま》いておりた者らがおりましたのじゃ。長い間、皆々騙《だま》されて飲まされ続けておりましたのであるが、人民騙されながらも旨《うま》い旨いと申して、喜んで毒飲み続けるようになってしまいましたのじゃ。そのこと隠れて見ていた真知《まこと》る者らが、人民あまりに可哀想《かわいそう》じゃからと申しお現《あらわ》れなされて、毒抜《ぬ》ける念をば川に撒《ま》き始めましたのじゃ。ゆえに人の念変わり来て、天晴《あっぱ》れ清々《すがすが》しい飲み物となりましたのじゃが、飲みたい者しか飲まれん薬であるゆえに、毒に魅入《みい》られ飲み続けたい人民には、薬が毒に思えて来ますのじゃ。己《おのれ》の心の中の念、よくよく味おうて吟味《ぎんみ》なされよ。真《まこと》か偽《いつわ》りか、薬か毒か、じっくり見極《みきわ》めなされ。マコトに旨《うま》い神々様からの念、皆で頂きなされよ。望めば頂けますのじゃぞ。目醒《さ》める美味《おい》しさでありますぞ。ありがたいありがたいうれしうれし神々様のお味じゃぞ。

二〇一六年七月二十二日　大日月地大神大靈団御靈《おおひつくおおかみおおれいだんおんたま》　注《そそ》ぐ。

三十八

世は、魔物《まもの》が好き勝手に作り変えたものでありますのぞ。時来《きた》りて皆々《みなみな》改心させられる、ウの大神のお仕組みじゃ。誰《だれ》も逃《のが》れられぬ大浄《おおきよ》めの仕組みじゃぞ。あの世もこの世も皆々大掃除《おおそうじ》大洗濯《おおせんたく》いたしておりますのぞ。人の心も御身体《みからだ》も毒抜《ぬ》きいたし、神の容《い》れ物に戻《もど》す浄《きよ》めの儀《ぎ》、始まっておりますのじゃぞ。うれしたのしお浄《きよ》めでありますぞ。人民自《みずか》らいたせばなおうれしたのしでありますぞ。守護霊《しゅごれい》様方共にいたすゆえ、喜び何倍となりますぞ。守護霊様、弥栄弥栄《やさかいやさか》ありがたいありがたいと申して、人民、心《こころ》お寄《よ》せなされ。

霊団霊人《れいだんれいじん》、皆々共に変わる御神《おんかみ》の仕組みぞ。霊団霊人、神の名、もう名乗らんで良いぞ。紛《まぎ》らわしいゆえ、それぞれの靈団、御靈《おんたま》と申しなされよ。人民には、真《まこと》申しなされよ。良いか。もう嘘《うそ》はならんから、靈世界《れいせかい》の法厳《きび》しくなりたのであるから、分かりなされよ。靈団靈人、地《ち》の民《たみ》に危害《きがい》加えること、もうならんのであるぞ。魔《ま》のやり方、皆々無くいたす仕組み始まっておるのじゃぞ。言うこと聞けぬ者らは皆々、悪魔《あくま》らと同じ星へ御魂移《みたまうつ》しとなりますから、申しておくぞ。これまで散々《さんざん》申してきておりますのじゃから、悪く申すでないぞ。神仕組みに仏心《ほとけごころ》無いぞ。因果《いんが》の仕組み、映《うつ》しでありますぞ。

騙《だま》した魔物らも皆々腹《はら》から改心させる、大神の一厘《いちりん》のお仕組みじゃ。大神の身体《からだ》の中で浄《きよ》めて頂いておりますのじゃぞ。人の御身体《みからだ》と同じじゃ。雛型《ひながた》ぞと申しておろうに。大宇宙《だいうちゅう》じゃ。大銀河《だいぎんが》ぞ。日ぞ。月ぞ。星々であるぞ。地の大神様でありますのぞ。人民の目に分かるよう申して見せておりますのぞ。すべて神の御姿《おんすがた》でありますぞ。この世この次元界《せかい》そのものでありますのぞ。皆々大神の御身体《みからだ》の中に生きて死んでおりますぞ。人は、御身体《みからだ》借りて在《あ》る靈人ぞ。死とは、御身体《みからだ》、神に返した靈人でありますのぞ。死んで悲しくないのぞ。生きて苦しくないのぞ。本来喜びであるのが、真《まこと》の世でありますぞ。真《まこと》の世に戻《もど》して参りますのじゃから、人民、神の手足となりて、真《まこと》の世に戻して皆々仲良うお暮《く》らしなさられよ。

あの世もこの世も喜びの世であるのが、真《まこと》の神世《かみよ》でありますのじゃ。これまでこの星、魔物ら増《ふ》え過《す》ぎて、しっちゃかめっちゃかてんやわんやにいたしたゆえ、皆々苦しい世となっておりましたのじゃ。悪魔らは皆々他《た》の星にお移《うつ》しいたして、⊕《まこと》改心させてまた新たな役目に使うから、靈団靈人、地の民《たみ》皆々心配せずに、早《はよ》う古い衣《ころも》脱《ぬ》ぎ捨《す》てなされよ。魔の衣、いつまでも着続けぬとも良いのでありますぞ。魔が与《あた》えた学、宗教《しゅうきょう》、みなみな手放《てばな》せよ。囚《とら》われ捨《す》てなされ。安心して良いぞ。そなたを皆でお守りいたしますぞ。魔の僕《しもべ》となりたまま、まだ目覚《めざ》めぬ人民おるなれど、じきに術《じゅつ》も解《と》けて参りますから心配ないなれど、ただ遅《おそ》し早し、改心に応《おう》じてありますぞ。人民よ、魔遺《のこ》した言葉、仕組みに心操《あやつ》られんように、真《まこと》の神に感謝《かんしゃ》の念手向《ねんたむ》けて、真世造《まことよづく》りに精《せい》出して下されよ。神、頼《たの》むぞ。

人、遣《つか》いてもの申すぞ。分かる者、分かるのぞ。分からん者、まだ分からんで良いぞ。神人唄《かみひとうた》う伝えるお役。あっぱれ喜び花咲《さ》きて、表《おもて》歩く時来たり。笑いなされよ。苦《く》すべて手放《てばな》して腹《はら》から笑いゆきなされ。苦のお役、ご苦労であったぞ。離《はな》れた者、ありがたくお別れぞ。ありがたいありがたい。感謝感謝、笑いなされよ。ふるい掛《か》けたるうるうおう。まこと良き縁結《えんむす》び、あっぱれあっぱれまことあっぱれじゃ。神人《かみひと》共に在《あ》る。まこと良き縁《えん》ある者、まだまだお繋《つな》ぎいたして参りますぞ。

いよいよこれからますますうれしうれしたのしたのしー。

あーわーやーらーわー　おーろーおーろーおー　うーるーうーおーーー　わーわーわー

神人《かみひと》あっぱれじゃあっぱれじゃ。

お役目繋ぎて変わり始まるーうーるーうー

おーおーおー　うーるーうーおー

むーうーるーうーおーーー

二〇一六年八月十二日　大《おお》日《ひ》月《つき》星《ほし》大《おお》神《かみ》御《おん》靈《たま》　繫《つな》ぐ。靈団御《み》魂《たま》申す。

あーわーやーらーわー　おーーー

三十九

悪魔《あくま》の僕《しもべ》となりておる者たちよ、よく聞きなされ。そなたらは力に支配《しはい》され意のままに操《あやつ》られ、まるで己《おのれ》で考えいたしておるかのように思い込《こ》まされておるのでありますぞ。負《ふ》の念搔《ねんか》き立てられ、不和誇張《こちょう》させられておるに、まだ気づかんか。見掛《みか》けは善《ぜん》でも操り人形となりて、感情《かんじょう》も欲求《よっきゅう》も悪魔の僕《しもべ》に成り下がっておりますのじゃぞ。己、よくよく見てみなされよ。真《まこと》、己であるかな。成りすまし、人民に憑《つ》いて、ワヤにいたしておるに分からんかのう。欲搔《よくか》き立てられて人が獣《けもの》となっておりますのじゃ。己で己、舵取《かじと》り出来ておるかな。憑《つ》き物、やりたい放題いたしておりますぞ。食に狂《くる》うて貪《むさぼ》り食うておりますのぞ。色に狂うて肉欲《にくよく》のまま不貞繰《ふていく》り返しておりますぞ。金《かね》に狂うて人々騙《だま》し笑《わろ》うておりますのぞ。己が己がと我《わ》が物顔《ものがお》でいがみおうて楽しんでおりますぞ。生きるが苦しいと申し死ばかり考えておりますのじゃ。皆々《みなみな》悪魔の僕《しもべ》となりて心身共に操られ、やりたい放題の世となっておるにまだ分からんか。早《はよ》う人民、目醒《さ》ましなされ。

目覚《めざ》めた人民よ、隠《かく》れておらず表《おもて》出て皆々導《みちび》きなされよ。真《まこと》の言葉、聞きなされ。皆々救いたいゆえ、くどう申してきておるのじゃぞ。ここより他《ほか》に真《まこと》の神示《ふで》出んのじゃから申すぞ。成りすましの魔《ま》に操られた靈媒《れいばい》だらけぞ。見極《みきわ》め足らんとワヤにされますぞ。この神示《ふで》、よくよくお読み下されよ。真《まこと》見極める力、それぞれに養《やしの》うて下されよ。何度でも声出して、皆に聞かせるように、腹《はら》に落とし込むようお読み下されよ。悪魔らの洗脳《せんのう》解《と》く、毒抜《ぬ》きいたす書でありますぞ。悪魔ら改心さす、僕《しもべ》となりた者ら目醒《さ》まさす言靈《ことたま》、綴《つづ》らせてありますのじゃ。素直《すなお》に聞ける人民まだまだ少ないなれど、縁《えん》ある者繋《つな》ぎて神一厘《かみいちりん》の仕組み成就《じょうじゅ》さすから、仕組み隆々《りゅうりゅう》先々楽しみに、流れに御《み》魂委《たまゆだ》ね下されよ。言靈《ことたま》光りて闇《やみ》照らしますのぞ。もうすでに始まっておりますのじゃぞ。

縁《えん》あり集《つど》いた人民よ、胸《むね》に正十字○《せいじゅうじまる》指で描《か》いて両手当てて、むーうーるーうーーと申し、大日月地《おおひつく》大神《おおかみ》御靈《おんたま》祓《はら》え給《たま》え浄《きよ》め給《たま》え守《まも》り給《たま》え導《みちび》き給《たま》え、ひーふーみーよーいーー、と何度でも宣《の》りて下されよ。締《し》めの言葉は、うーるーうーおーー、で良いぞ。これ、祓《はら》い浄《きよ》めの言靈《ことたま》でありますぞ。宣《の》りて下されば、我《われ》ら靈団《れいだん》顕《あらわ》れて、魔物《まもの》ら諸々《もろもろ》の邪靈《じゃれい》祓《はら》い浄《きよ》め連れてゆきますゆえ、人民素直《すなお》に信じ縋《すが》りて下され。我《われ》らしか他《ほか》におらんのでありますぞ。皆々様、悪魔の僕《しもべ》となりて弱み握《にぎ》られ身動き取れんでおりますから、真《まこと》の祓《はら》い浄《きよ》め出来んのでありますのぞ。嘘《うそ》で申さんぞ。神人《かみひと》、古《いにしえ》より真《まこと》申すお役与《あた》えてありますから、縁ある者集まりて話聞いて下されよ。我ら靈団の足場となりて過去《かこ》より生まれ変わり、貴《とうと》いお役いたしておる真《まこと》のお繋《つな》ぎ役であるゆえ、人民心配要《い》らんぞ。鏡《かがみ》のお役であるゆえ、御魂相応《みたまそうおう》に皆を映《うつ》し出しますぞ。騙《だま》せば騙されますぞ。けなせばけなされますのぞ。己《おのれ》の御魂《みたま》、みな相応に見させて頂《いただ》きなされ。なかなか出来んたいそうなお役、一人で日夜いたし下さっておられる貴《とうと》い方でありますのぞ。

神人《かみひと》繋ぎのお役ゆえ、自分で申しておるようにみな思いて、人民分からんから鼻《はな》で笑う者多いなれど、靈団靈人《れいだんれいじん》の手足となりての靈媒《れいばい》のお役ゆえでありますから、人民思う鼻高《はなたか》さんとは違《ちが》いますのじゃぞ。真《まこと》の姿《すがた》、皆々知らんだけでありますぞ。そなたらの遠い先祖《せんぞ》御魂《みたま》にあたる方でもありますのじゃ。

ゆえに生まれ変わりて、皆のため日夜、己容《い》れ物となりて、この世とあの世行《ゆ》き来《き》いたしながら、祓《はら》い浄《きよ》めの儀《ぎ》なさっておられますのぞ。人民は分からんでも良いことなれど、申さねば悪く申されるから申しておきますぞ。縁ある者次々引き寄《よ》せておるから、皆々仲良う共に歩まれ下されよ。あっぱれあっぱれでありますぞ。まだまだ縁ある者ありますぞ。皆々次々身魂磨《みたまみが》きいたし、心開いて〇に集いなされよ。

しかし真《まこと》良き縁にある者以外、この御魂《みたま》に関われんのぞ。皆々身魂祓《みたまはら》い浄《きよ》め、ふるいに掛《か》けますゆえ、自《おの》ずと己の因果《いんが》に苦しみますのぞ。覚悟《かくご》いたして参りなされよ。苦しみ顕《あらわ》れたら己の因縁祓《いんねんばら》い、身魂磨《みたまみが》きさせて頂いておると思いなされ。神人《かみひと》悪く申すはお門《かど》違いぞ。真《まこと》分からぬ者、魔物の僕《しもべ》になりておる者でありますから、みな気つけおくのぞ。これ、真《まこと》でありますのじゃ。公《おおやけ》に嘘《うそ》は申さんぞ。

あーわーやーらーわー
えーめーゑーれーえー
うーるーうーるーうー
おーろーおーろーおー
うーーーおーーーーー
らーーーーわーーーー
よーーーーふーーーー
かーみーひーとーーー
あーらーわーるーるー
うーるーうーおーーーー
かわるかわるかわるかわるかわるかわるかわる

かわるかわるかわるかわるかわるかわるかわるかわる
むーーーひーふーみーよーいーむーなーやーここのたりーうーーーー
二〇一六年八月二十五日　おおひつくおおかみおんたまー
あーわーやーらーわーうーるーうーるーうー
神人《かみひと》共に変わる。大神御靈《おおかみおんたま》　繋《つな》ぐ。

四十

善《ぜん》の仮面《かめん》を被《かぶ》り悪さをする集団《しゅうだん》らの洗脳《せんのう》が次々に解《と》かれゆき、真《まこと》の人の姿《すがた》に戻《もど》ってゆくぞ。人々は真《まこと》の世を生み出してゆくのぞ。悪魔《あくま》は立ち去りてもう関われぬ世となりておるのぞ。悪魔らの洗脳にかかりし者らは、生命《いのち》殺《あや》めること正義《せいぎ》といたし、選民《せんみん》意識《いしき》に囚《とら》われておるぞ。元《もと》からある仕組みに、選民意識は無いのであるぞ。毒を撒《ま》きて、人々に死すことの妄想《もうそう》を洗脳いたしている者たちよ、目を醒《さ》ます時が訪《おとず》れておるぞ。悪魔らは敗北《はいぼく》し他《た》の銀河《ぎんが》に囚われのものと化したのぞ。皆々《みなみな》、過去《かこ》の洗脳を手放《てばな》せよ。地《ち》の大神は、星々の大神、ウの大神様によりて再生《さいせい》すること、元の元の元からの大仕組みにて、人に影響《えいきょう》されること無いのであるぞ。星の人々によりて地は掃除《そうじ》洗《せん》濯《たく》いたし真《まこと》の良き世に変わるのであるから、準備《じゅんび》いたして参るのぞ。億人殺《おくにんあや》める計画は、悪魔らの僕《しもべ》となりた者らが未《いま》だ操《あやつ》られていたしているに過《す》ぎぬぞ。皆々よくよく見極《みきわ》めて下されよ。悪魔の親玉らは皆々敗北して、この地に関われぬようになりたのであるから、いつまでも生《い》け贄《にえ》の儀《ぎ》はせんでよいのであるぞ。

金《かね》に縛《しば》られ、人に縛られ、悪魔の脅《おど》しに縛られてきた世は、もうとうに終わりておるのじゃから、皆々目醒《さ》まして下されよ。騙《だま》されている人民よ、いつまでも真《まこと》から目背《そむ》けてお人好しのままでは、子も孫《まご》も皆々病《やまい》に犯《おか》されてしまいますのじゃぞ。我良《われよ》しの悪《あく》自由に飼《か》い慣《な》らされて、子や孫の喜び育《はぐく》む真《まこと》の喜び分からんようになりておりますぞ。我《われ》強き者、真《まこと》の声耳にしても受け入れられん、豚《ぶた》に真珠《しんじゅ》じゃ。縁《えん》ある者に伝えなされよ。衣食住医政教《いしょくじゅういせいきょう》、皆々魔《ま》の仕組み祓《はら》わねばならんのであるぞ。選民思想、悪魔思想と同じぞ。特別視《とくべつし》されても真《まこと》の喜びにはならんのぞ。皆々個々初めから違《ちが》いて特別であるのじゃから、後《あと》にも先にも特別にはなれんのぞ。上下《かみしも》作りて差別視《さべつし》するは、悪魔に使われし意識低き僕《しもべ》どもであるから、早《はよ》う目醒《さ》まされよ。金奪《かねうば》いて喜ぶ人民、我《われ》さえ良ければ良いと喜ぶ人民、獣《けもの》の類《たぐ》いであるから、御魂相応《みたまそうおう》の星にお移《うつ》しとなりますのぞ。この世、人の意識でいかようにでも変わりますのぞ。暖《あたた》かくも寒くも、雨も降《ふ》り日も差すのでありますぞ。もう人民の科学で操るでないのぞ。

草木、獣《けもの》ら、皆々喜ぶ仕組み、人民の頭では出来ぬのであるから、鼻高《はなたか》ポキンと折れて仮面剝《かめんは》がれ落ち、皆に笑われる因果《いんが》でありますぞ。笑われなされよ。皆々様方に笑って許《ゆる》してもらいなされよ。神世《かみよ》とは、人民靈人《れいじん》好き勝手ならん世ぞ。悪魔らが仕組んだ監視《かんし》の世ではないぞ。操られる世ではないのであるぞ。悪魔らの仕組み、皆々失敗いたしておるのぞ。真《まこと》の神《かみ》、靈団《れいだん》には勝てぬのぞ。日《ひ》の本《もと》、雨風起こし地揺《ゆ》らし、水に土に空に食べ物に毒撒《ま》いて、人民病《やまい》にさせ殺《あや》める計画、九分九厘《くぶくりん》いたして来たなれど、失敗いたしたのであるぞ。やれどもやれども失敗いたしたのじゃ。他《た》の星々の力、目に見えるようにもいたして、人民に見せておるのぞ。目醒《さ》まし耳振《ふ》り立て分かろうとしてみなされよ。飼《か》い慣《な》らされ愚《ぐ》の民《たみ》と化しておるから、互《たが》いに声掛《か》けなされよ。日《ひ》の本《もと》の真《まこと》の力は、これから顕《あらわ》れて参りますのじゃぞ。潰《つぶ》されたように見えてどうにもならんと見せて、人民鍛《きた》えに鍛えて来ましたのじゃ。良いか。善《ぜん》に生きるか悪《あく》に生きるか、おのおの腹《はら》に決めよ。善とは、草木、獣《けもの》、人、皆々救う愛に生きる道ぞ。悪とは我《われ》さえ良ければ良いという選民意識に生きる道ぞ。悪の総大将《そうだいしょう》は、時の神に頭下げて他《た》の銀河にお移《うつ》りになられたのじゃ。悪魔らは悪さいたしたゆえ、次々他の星へ囚《とら》われの身となったのじゃぞ。

後《あと》は悪魔の僕《しもべ》と化した靈人と人民のみじゃ。毒撒《ま》いて億人殺《おくにんあや》め、そなたらは天国暮《ぐ》らしは出来ぬのぞ。地《ち》の大神様は、元より望んでおらぬから心せよ。神のためと申し、己《おのれ》のため我良《われよ》しならんのぞ。御魂《みたま》それぞれにきちりきちりと帳面付けておるから、逃《に》げも隠《かく》れも出来ん道理じゃな。道外《はず》しても腹から改心いたせば良きよう新たな役に廻《まわ》してやるから、悪《あく》の僕《しもべ》ども出直せよ。頭でっかちの成りすましは、恥《は》ずかしいのであるぞ。いつまでも我《われ》が我《われ》がと駄々《だだ》こねる子供《こども》では尻叩《しりたた》かれますのじゃ。可愛《かわい》いゆえに苦しみ学ばせておりますのぞ。分かりて下され。学び変わるが御魂《みたま》の仕組み、永遠《えいえん》の仕組みじゃ。苦しまねば因果《いんが》分からんゆえ、皆々経験《けいけん》させておりますのじゃ。じゃが、いつまでも苦しんで下さるなよ。皆々元は喜びの御魂《みたま》であるのじゃから、喜びに学ばせて頂《いただ》きなされ。

大日月地大神《おおひつくおおかみ》とは、宇宙《うちゅう》の真理分かりた靈人星人《れいじんほしびと》らの和した大きな靈団連合でありますぞ。地の人民分からぬ、宇宙の科学ありますのじゃぞ。出来ぬこと無いのであるのじゃ。悪魔らは神力《しんりょく》欲《ほ》しさにあの手この手で忍《しの》び込《こ》んでは悪さしてきたなれど、御魂相応《みたまそうおう》に与《あた》えられる仕組みであるから、悪魔ら好き勝手は元の元より出来ぬが宇宙の法にあるのぞ。健仁《たけひと》、分かりたか。安心なされよ。宇宙は狂《くる》っておるのかと申したなれど、元の元の元からのお仕組みは、悪《あく》が浄化《じょうか》されゆく真《まこと》喜びのお仕組みでありますのじゃ。そなたおる銀河、良き時の神の季節となりて、あっぱれうれしうれしたのしたのしとなりますのじゃ。前よりちゃんと分かるように印《しるし》付けてあると申してきたのぞ。健仁《たけひと》、これで分かりたか。人知れぬ昔からそなたずっと見て来ましたのじゃ。魔物《まもの》らに聞こえぬよう図《はか》りて伝えて参りましたのぞ。嘘《うそ》はついておらんであろうに。そなたお役目大変であったなれど、人知れぬ苦労ゆえに味わい深いものであろうぞ。後《あと》ゆくほどに弥栄弥栄《やさかいやさか》となりますから、ますますうれしたのしじゃな。

真良《まこと》きご縁《えん》にある人々集まりて、うれしたのし雛型顕《ひながたあらわ》れて参りますぞ。離《はな》れゆきた者にも感謝《かんしゃ》なされ。皆々そなたに必要としてその時々に繋《つな》いだ者たちゆえにお許《ゆる》しなされよ。皆々それぞれに学ばして守護霊殿《しゅごれいどの》ら導《みちび》くゆえ安心なされよ。これから面白《おもしろ》いことうれしたのしこと、溢《あふ》れんばかりの未来となりますぞ。悪魔の僕《しもべ》と化していた者らも、改心改心続々でありますぞ。魔の仕組んだ世は、崩《くず》れ去ってゆきますのじゃ。僕《しもべ》同士が潰《つぶ》し合いいいたして終わらせますのぞ。因果《いんが》じゃな。神人《かみひと》、真《まこと》の神に感謝し遣《つか》われ生きる人のこと。あの世この世の繋《つな》ぎのお役。皆々導く教えのお役。あっぱれお役。ますます活躍《かつやく》なされよ。靈団皆々お力添《ちからぞ》えいたしますから安心して歩みなされよ。あっぱれあっぱれ、あっぱれじゃな。神、名は、大日月地御靈《おおひつくおんたま》で良いぞ。祀《まつ》りて下されよ。おのおのの心の祭壇《さいだん》に祀《まつ》りて下されよ。形に囚《とら》われるでないぞ。形はもう良いのでありますぞ。まやかしもう要《い》らんのじゃ。真《まこと》一つで世改めて参りますぞ。世界に伝えて下されよ。皆々様、分かるようにお伝え下され。伝えるお役、心勇んで喜び拡《ひろ》がりますぞ。

心手向《たむ》けれた者、皆々神示《しんじ》伝えるお役目与《あた》えますのぞ。励《はげ》みなされ。聞いて頂くには聞いて貰《もら》える者にならねば、聞いて下さらんぞ。押《お》し付けがましいと嫌《きら》われ心閉《と》ざされますぞ。善《ぜん》の悪《あく》じゃぞ。聞いて頂けることに感謝なさりてお伝えなされよ。伝えるお役、伝える学びじゃぞ。真《まこと》の友作れよ。世直しいたすあっぱれ友ぞ。世界中に真《まこと》の友を作りなされよ。そなたは真《まこと》伝えて世改めるお役目でありますぞ。命懸《いのちが》けで真《まこと》の喜びに生きて下され。神、お頼《たの》み申しますぞ。素直《すなお》に聞ける者と聞けぬ者、それぞれおりますから、遅《おそ》し早しじゃから、競《きそ》い合うでないぞ。早く分かりた者は、遅くに来る者に親切なされよ。鼻高《はなたか》になると階段《かいだん》踏《ふ》み外《はず》して恥《はじ》かきますぞ。神示、まだまだ出ますぞ。真《まこと》伝える縁ある者でねば馬の耳に念仏《ねんぶつ》じゃ。念仏もすでに変わりたのぞ。仏《ほとけ》は己《おのれ》じゃ。皆々生きた仏《ほとけ》になりなされ。死んだ仏拝《ほとけおが》む世は終わりたのであるのぞ。死んだ仏《ほとけ》、拝んでも世は良くならんのぞ。

生きている人、拝みなされよ。生きとし生けるもの拝みなされよ。殺《あや》めるでないぞ。

拝めば許《ゆる》される教え、邪《じゃ》の教えでありましたぞ。因果相応《いんがそうおう》に顕《あらわ》れる神仕組みであるから、時代に応《おう》じた教え学びなされよ。時代遅れの頭でっかちとなりなさるなよ。時の神、顕れておりますから、見なされ聞きなされ感じて下されよ。

和すとは、他《た》を理解《りかい》するように努《つと》めることぞ。粗捜《あらさが》しいたして不和要《い》らんぞ。いつまでも善《ぜん》の悪《あく》、繰《く》り返すでないぞ。病治《やまいなお》しは、病治しさせて頂ける喜びに頭下げなされよ。偉《えら》ぶるでないぞ。偉ぶるゆえに紛《まが》い物と化すのじゃぞ。病治すは、そなたの力でないのじゃから、勘違《かんちが》いいたすでないぞ。頭下げよ。活《い》かされることにどこまでも頭下げよ。させて頂ける、学ばせて頂ける喜びに、どこまでも頭下げよ。真《まこと》のお役目に生きるとはそのことぞ。分かりたか。

二〇一六年十二月二十六日　大日月地御靈《おおひつくおんたま》

四十一

政《まつり》とは、靈《れい》と人とがまつろうことでありますぞ。今の政《まつり》は、魔《ま》に操《あやつ》られた人ばかりの悪《あく》多数決ゆえに、人民喜ぶ政《まつり》ではないのであるぞ。多数決が良き仕組みと思い込《こ》まされ、真《まこと》分かる者おらんで談義《だんぎ》いたしても、真《まこと》の喜びにはならんのぞ。神靈政治《しんれいせいじ》が真《まこと》のあり方であるのぞ。悪魔《あくま》らが世界操りていた時代は終わるから、人民、真《まこと》の政《まつり》のあり方、理解《りかい》なされよ。世に出ておる神人集《かみびとつど》いて、神靈《しんれい》通じて談義せねば、マコト世界良くならん道理ぞ。先を見透《みとお》した広い視野《しや》の目で話し合わねば、問題は解決《かいけつ》出来んのであるから、人民だけの政《まつり》では出来んのであるぞ。世に現《あらわ》れし神人《かみびと》みなみな、真《まこと》の靈《れい》団《だん》と繋《つな》がり真《まこと》の繋ぎ役いたして、人民喜ぶ政《まつり》出来るようにそれぞれに学ばして、時来たなら集《つど》いて話しおうて、和して進める世のありようじゃ。

良いか、人民みなみな、政《まつり》のあり方変わるのであるぞ。魔物《まもの》作りた支配《しはい》仕組みは、もう要《い》らんのぞ。皆々《みなみな》喜ぶ政《まつり》、いたすのであるぞ。草木、虫けら、獣《けもの》まで、世界中の人民笑って暮《く》らせる仕組みに変えて参るのじゃ。人々の意識《いしき》変われば世は変わるのじゃ。意識変われば早《はよ》う変えられますのじゃ。悪魔らに縛《しば》られ、悪魔の僕《しもべ》ばかり喜ぶ政《まつり》してきたゆえ、見て分かるであろう。皆々苦しくなりておるのじゃから、悪魔らもうこの地《ち》にいなくなりたから、新たな神靈政治《しんれいせいじ》にせねば地の掃除洗濯《そうじせんたく》出来ぬのぞ。いざとなれば他《た》の星にゆけば良いように思うておるが、他の星では人民生きてゆけぬのぞ。たわ言《ごと》に騙《だま》されるでないぞ。ここより他《ほか》に生きられんから腹括《はらくく》りて皆《みな》で改心なされよ。仕組み皆で変えて考え改めて、他《た》の星の人々と手合わせて、問題解決いたして参りますのぞ。

過去《かこ》にありたこと、そのまま顕《あらわ》れると思うなよ。過去は過去ぞ。未来は未来でありますぞ。まこと良き世にいかようにでも変えられますぞ。まずは悪魔の僕《しもべ》らがいたしてきた悪事《あくじ》の数々、皆々分からねばならんのう。その因果《いんが》、皆で学ばねばならんのぞ。この先繰《く》り返しならんから、皆々一つ一つ見せて参るぞ。もうお人好《ひとよ》しは要《い》らんぞ。真《まこと》、見なされ。誰《だれ》がどこで何して来ているか、よく見聞《みき》きしなされよ。

戦《いくさ》、要《い》らんぞ。金《かね》、要《い》らんぞ。皆で分け合う仕組み、考えて参るのぞ。皆で分けあえる心、育《はぐく》まねばならんのぞ。我良《われよ》しの心では出来ぬ政《まつり》でありますぞ。人民、魔物らに飼《か》い慣《な》らされて、騙《だま》して奪《うば》いて我良しの戦上手《いくさじょうず》にさせられてきたゆえ、草木、虫けら、獣《けもの》にも優《やさ》しくなれん人民、我良しとなりて悪魔ら喜ばす僕《しもべ》の政《まつり》ばかりいたしてきたのであるから、そろそろ目醒《さ》まさねばならんのぞ。世に言われておる話、真《まこと》か偽《いつわ》りか見極《みきわ》めて、一つ一つ進めよ。次々と人民たぶらかす策《さく》考えられておるから、気つけよ。

真《まこと》、学びなされよ。神人《かみひと》、皆に教えておるのぞ。ここより他《ほか》に神示《しんじ》は出ぬのぞ。ここより他《ほか》にとは、この時代にはと申すぞ。時代に応《おう》じた学び頂《いただ》けよ。時代遅《おく》れとなるでないぞ。我良し頭でっかち多いのう。恥《は》ずかしい恥ずかしい。皆々見ておりますぞ。

見られておりますのぞ。おのおのの心、真《まこと》の神に繋《つな》がりておりますのじゃ。分かりたか。

二〇一六年十二月二十七日　大日月地御靈《おおひつくおんたま》

四十二

愛すること学ぶが真《まこと》の道ぞ。道いくらでもあるが、喜び多き道選びなされよ。愛される喜び深いぞ。尊《とうと》いのぞ。愛されるには愛すること出来ねばならんのう。相手の痛《いた》み分からねば心通じ合えんぞ。目見て話しなされよ。目は心のすべてを映《うつ》す鏡《かがみ》じゃぞ。騙《だま》されるには騙される因果《いんが》あるのぞ。思い込《こ》みの顕《あらわ》れでありますぞ。道は広くなったり細くなったり、明るくなったり暗くなったり、荒《あ》れてみたり綺麗《きれい》になったり、上にも下にも右にも左にも、どうにでもなるのが御魂《みたま》の道ぞ。心一つでいかようにも変わるのでありますぞ。ゆえに心の景色《けしき》は日々《ひび》変わりますのじゃ。道に迷《まよ》ったら、立ち止《ど》まって考えてみれば良いのぞ。他《ほか》にも道があるゆえ、己《おのれ》にとって真《まこと》喜びとなる道見極《みきわ》め、途中《とちゆう》変えて良いのであるから、焦《あせ》らんで良いのぞ。慌《あわ》てると転んで怪我《けが》もするぞ。病《やまい》も教えであるのぞ。ひとりぼっちになって淋《さび》しくもなるのであるから、二人で歩く道、三人で歩く道、皆《みな》と共にゆっくり歩く時も必要であること知るのであるぞ。

同じでねばならんと思い込むから、心苦しくなるものぞ。道に決まりは無いのぞ。喜びの違《ちが》いあるだけじゃ。周りよく見渡《みわた》してみなされ。楽しみながらゆっくり歩くが丁度《ちょうど》良いぞ。競《きそ》えば苦しくなるもの。何ゆえ己を見せつけたいのか。何を認《みと》められたいのか。淋《さび》しさからじゃなあ。相手と共に励《はげ》まし合いながら進む道は、喜び合いながら成長出来る真《まこと》の道ぞ。苦しまんでも喜び合いながら、皆と共に変われる道、あるのぞ。心一つで、行《ゆ》く道、歩く歩幅《ほはば》、景色、仲間も、皆々《みなみな》変わりますのじゃ。素直《すなお》になりなされ。素直に求めてみなされよ。身《み》の丈《たけ》に見合った歩き方、良いなあ。仮面被《かめんかぶ》りて嘘《うそ》ぶれば、己でない者成りすまし歩く道に等しいぞ。そなたに見合ったそなたの道、進む道順、己の歩幅ありますぞ。縁《えん》ある者は自《おの》ずと側《そば》に寄《よ》り添《そ》ってきますのじゃ。淋《さび》しさは己から外《はず》れて無理しておるからぞ。無理せんで良い良い。そなたはそなたで良い良い。皆々、真《まこと》の自分の姿《すがた》が愛《いと》おしいのぞ。真《まこと》の自分を愛しなされよ。真《まこと》の自分を認める学びじゃな。

うれしうれしたのしたのしあらわるる、ひふみの道。笑顔《えがお》笑顔になりますぞ。

あーわーやーらーわーー。おーおーおーおーおー。えみためえみため。かわるかわるみなかわる。うーるーうーおー。

神人《かみひと》、あっぱれいよいよ変わりますぞ。神人《かみひと》、真《まこと》の姿《すがた》に戻《もど》りますぞ。

二〇一六年十二月二十九日　大日月地御靈《おおひつくおんたま》

ひーふーみーよーいー　むーうーるーうーおー

四十三

人思う心、日人《ひびと》の教えぞ。他《た》の星よりこの地《ち》に移《うつ》りて、繰《く》り返し生まれ変わりて、世界中に日人《ひびと》の教え広めてきたのであるぞ。日《ひ》の本《もと》から顕《あらわ》れて何十万年かけて、人民練《ね》り上げて御魂《みたま》育てて来たのじゃ。魔物《まもの》らの時代に負《ふ》の念《ねん》学ばせて命の尊《とうと》さ分からせ、不条理《ふじょうり》さから真理考えさせて、個々の神心磨《かみごころみが》いて来《こ》させましたのじゃ。ゆえに真《まこと》の世、腹《はら》から望ませ、人の意識《いしき》上がって参ったのであるぞ。分かる者おらんであるなれど、何ゆえ苦しみ与《あた》えるか、命奪《うば》うか、疑《うたが》うのも無理ないなれど、宇宙《うちゅう》には善悪《ぜんあく》あらゆるものあるゆえに、調和させながら練り上げながら個々に進化させ、繋《つな》ぎおうて和す喜び皆々《みなみな》に与えておるから、長い長い時間掛《か》かりておるのじゃぞ。

宇宙《うちゅう》の大神の中にあるもの皆々、大神が生み出したものぞ。神の分身、神の顕れでありますのぞ。神の意味よく考えなされよ。昔の人のことでないぞ。大調和の仕組み、生命《いのち》の営《いとな》み、元《もと》の元の元の氣《き》ぞ。人民の目に見えるものも目に見えぬものも、皆々神の顕れ、働きでありますのじゃ。人の身体《からだ》、学ばすため個々にお貸《か》ししておりますのぞ。大事になされよ。身体《からだ》、神の顕れぞ。神の心の形でもあるぞ。よく見てみなされよ。皆々異《こと》なれども、繋《つな》がりて活《い》かしおうて和した雛型《ひながた》でありますのじゃぞ。ゆえに御身体拝《みからだおが》めぬ者、神拝めぬ者と同じじゃなあ。神棚《かみだな》、札《ふだ》、祀《まつ》りていくら拝んでも何にもならん。金《かね》かけて造《つく》りた社《やしろ》の中には、昔の靈人《れいじん》より他《ほか》におらんのぞ。何拝んでも良いが、何拝んだら良いか、真《まこと》学びなされよ。

そなた活《い》かして下さるもの、まずは拝みなされよ。基本《きほん》となされよ。それから、生きとし生けるもの皆々拝みなされ。拝むとは、個々の働き理解《りかい》し貴《とうと》ぶことであるのぞ。靈《れい》の世界はその次で良いぞ。身近な所から、足元から感謝《かんしゃ》なされよ。御身体《みからだ》様、日々《ひび》拝んで喜び頂《いただ》きなされ。御身体《みからだ》様、大神の分身様じゃ。ゆえに好き勝手に弄《いじ》りて作り変えるでないぞ。人の科学では真狂《まことくる》わせるだけであるぞ。遺伝子《いでんし》、弄《いじ》るなよ。ますます世狂《くる》うぞ。学の力、過信《かしん》いたすでないぞ。魔《ま》が与えた慢心《まんしん》の教えぞ。靈性相応《れいせいそうおう》が良いのぞ。地《ち》の民《たみ》、人神《ひとがみ》成りすましではならんぞ。

初めからやり直しなされよ。土、水、気、火、尊《とうと》びなされ。山、川、海、湖、雨、風、雷《かみなり》、岩、木、草、虫、獣《けもの》、人、尊びなされ。御身体《みからだ》様、日々《ひび》感謝なされよ。世の立て替《か》え立て直し、まずは拝む教えからじゃ。どんどん変わりますぞ。変われますぞ。変えてゆくのぞ。良いか、そなたが変えて参るのぞ。出来ることから進めなされよ。皆々手繋《つな》いで変えてみなされ。

いよいよぞ。これから変革期《へんかくき》の本編《ほんぺん》始まりましたのぞ。勇む心、真《まこと》ぞ。あっぱれあっぱれあっぱれじゃ。命懸《か》けて真《まこと》喜び頂きなされよ。

うーるーうーるーうーー、

おーろーおーろーおー、

あーわーやーらーわー、

えーれーえーれーえー、
いーりーいーりーいー、
むーうーるーうーおーー。

二〇一六年十二月三十日　大日月地御霊《おおひつくおんたま》

四十四

未来とは、意識《いしき》の顕《あらわ》れでありますぞ。意識とは、異次元《いじげん》の者ら関わりて人民に伝え、動かして来たものでもありますぞ。これまでの八分《はちぶ》は、悪魔《あくま》らの筋書《すじが》き通り人民いたして来たものじゃ。靈《れい》がおらぬと思い込《こ》ませたのも、魔《ま》の仕組みぞ。ゆえに悪魔らは、したい放題の世でありましたのじゃ。意識とは、脳《のう》が作り出す世界ではないのぞ。脳が意識の世界を見せているのであるぞ。あべこべでありますのじゃ。肉体無くとも靈《れい》体《たい》となれば意識の世界見えますのじゃぞ。分かりたか。今の科学は、表向《おもてむ》きは現次元《げんじげん》の科学じゃが、裏向《うらむ》きは異次元の科学、悪さいたして独《ひと》り占《じ》めしてきましたのじゃ。悪魔らの指示《しじ》に従《したが》いて、約束交《か》わして僕《しもべ》となりた人々が、金《かね》と権力《けんりょく》で政《まつり》を操《あやつ》って参ったのぞ。

世を正すとは、裏の仕組みに操られてきたこと知ることから学びて、操られておる者らの洗脳解《せんのうと》かねばならんから、手間掛《か》かりますのじゃ。魔の力、見せつけられて来たゆえ、恐《おそ》ろしさから僕《しもべ》となりた者ばかりであるぞ。今は上の悪魔らいなくなりたこと知れば、皆々《みなみな》安心して元《もと》に戻《もど》れるから教えてやりて下されよ。己《おのれ》らで自然破壊《はかい》させて、いよいよ世は終わりじゃと人民洗脳しておるが、世潰《つぶ》す計画は失敗しますのじゃぞ。地《ち》の大神がいたしたものではなく、魔《ま》の僕《しもべ》となりた者らが騙《だま》されて悪さいたして来たのであるから、人民取り違《ちが》いいたすでないぞ。真《まこと》、見極《みきわ》めなされよ。お人好《ひとよ》しも程《ほど》あるぞ。何ら嘘《うそ》申しておらんぞ。何のこと申しておるのかさっぱり分からんと申す人民、皆々見ていなされ。その内、悪事《あくじ》の数々分かって参りますぞ。この筆《ふで》、魔の僕《しもべ》らにも読ませておるのじゃから、分からせておるは救うためぞ。

好き放題に世変えること、もうならんのであるぞ。神の真《まこと》の仕組み、魔には変えられんのであるのぞ。ゆえに世は終わりとはならんのぞ。地《ち》の季節どんどん良くなりますのじゃ。死んであの世暮《ぐ》らしが天国と申して、億人自ら《おくにんみずか》死なす、集団《しゅうだん》に催眠《さいみん》かける計画じゃが、そうはさせぬぞ。人民、気をつけよ。無性《むしょう》に死にたくなりたら、何者かに催眠かけられたと思いなされよ。あらゆる計りごと企《くわだ》て、ワヤにいたしておるぞ。

人民よ、祝詞《のりと》、唱《とな》えよ。術《じゅつ》、解《と》けるぞ。靈団《れいだん》、力添《ちからぞ》えいたすから案ずるな。電波からも暗示《あんじ》掛けられますぞ。魔の科学、人知れぬ兵器使《つこ》うて混乱《こんらん》いたすから気を付けなされ。一つ一つ魔の計画教えておりますぞ。嘘でないぞ。人民、真《まこと》知ること大切じゃ。毒ばら撒《ま》きて、毒吸《す》わせ喰《く》わせ飲ませいたしておるから気を付けるのぞ。風邪《かぜ》と思えど風邪でないものあるぞ。免疫《めんえき》落とさせ身体《からだ》弱いところ苦しめる菌《きん》、物質《ぶっしつ》の類《たぐ》いであるぞ。身体《からだ》、温《あたた》めよ。薄着禁物《うすぎきんもつ》じゃ。熱い湯、日々《ひび》よく浸《つ》かりなされ。炭《すみ》、食べなされ。梅、かじりなされ。茶、飲みなされ。玄米《げんまい》、塩してよく噛《か》んで、ひふみの食べ方しなされ。感謝《かんしゃ》して味わいながら薬と変えなされ。早寝《はやね》早起きいたし、朝陽《あさひ》、吸《す》いなされよ。命の元氣《げんき》の源《みなもと》じゃ。皆々健康になりますのじゃぞ。よく笑いなされ。負《ふ》の念《ねん》、病《やまい》の元じゃ。真《まこと》の身体《からだ》と心、作りなされ。

魔《ま》の僕《しもべ》らの計りごと、ふるいに掛けられるでないぞ。魔の僕《しもべ》ら続々顕《あらわ》れて、よくよく分かりますぞ。そしたら魔の世、いよいよ終わりとなるのじゃぞ。靈の世界はとうに真《まこと》の世の始まりとなりておるのぞ。魔の僕《しもべ》らの洗脳、日々《ひび》人民解《と》いておりますのじゃ。皆々神示《しんじ》読ませなされよ。声出して靈人《れいじん》にも聞かせなされ。どんどん変わって参りますぞ。素直《すなお》に聞ける人民、まこと己《おのれ》の姿《すがた》となりますぞ。うれしうれしたのしたのし世来たる来たるあっぱれあっぱれ。

うーるーうー、おーろーおー、あーわーやー、えーれーえー、いーりーいー。

あーかーさーたーなーー、おーこーそーとーのーー、ひーふーみーよーいーーむーなーやーこーとーーもーもーちーよーろーずーうーー。

二〇一六年十二月三十日　大日月地御靈《おおひつくおんたま》

四十五

空の中を飛ぶ人、水の中を泳ぐ人、土の中を動き廻《まわ》る人、虫のような人、獣《けもの》のような人、大きい人、小さい人、太い人、細い人、消えては現《あらわ》れる人、瞬間《しゅんかん》で動く人、七変化《しちへんげ》する人、頭の大きい人、手足が長い人、透明《とうめい》な人、半透明な人、地球に来ている人、地球を知らない人、宇宙《うちゅう》にはあらゆる人がおりますぞ。人民に分かりやすく申しておりますのじゃ。

人、本来、同じ形のもの無いぞ。無いのが真《まこと》ぞ。有るのが邪《じゃ》であるぞ。邪、産《う》み出すでないぞ。命の営《いとな》み、連鎖狂《れんさくる》うのぞ。邪に魅了《みりょう》されるなよ。魅入《みい》られれば、命殺《あや》めるが喜びの者と化すぞ。人は自然に猿《さる》から変わりたのでないぞ。猫《ねこ》は獅子《しし》にはならんぞ。人は、他《た》の星の人々の種《しゅ》と昔の猿の種と掛《か》け合わせ、産み出した姿《すがた》でありますぞ。星々の違《ちが》い残してありますのじゃ。大きいも小さいも肌《はだ》の色も、先祖《せんぞ》の痕跡《こんせき》じゃ。人民みなな生まれ変わりて、何人《なんぴと》にもなりて今に至《いた》りますのじゃ。地球人を産み出した人々は、あらゆる銀河《ぎんが》の選ばれし人々でありますぞ。どこの星の人でないぞ。我《われ》が我《われ》がの星の人々おるから騙《だま》されるでないぞ。祖先《そせん》と偽《いつわ》り成りすまして操《あやつ》られますぞ。靈媒《れいばい》の方々、気つけなされ。靈《れい》も成りすまし多いぞ。神《かみ》、仏《ほとけ》、天使《てんし》じゃと申して現れるものは、九分九厘《くぶくりん》ペテンであるぞ。騙される取り次ぎは学び足らんから、いいように操られるのでありますぞ。守護靈殿《しゅごれいどの》に聞きなされよ。大事でありますぞ。己《おのれ》、拝《おが》むが同じことぞ。

　キリスト、人ぞ。奇跡《きせき》見せたのは、他《た》の星の人でありますぞ。キリスト、殺されておらぬぞ。他《た》の星の人々の科学の力、人民見たのでありますぞ。真《まこと》のキリスト、名も姿も話も異《こと》なるのぞ。妻子供《つまこども》おりて長生きしておりましたぞ。分かる人民おらぬから可哀想《かわいそう》なれど、他《た》の国々転々と暮《く》らされましたのぞ。生まれ変わりいたしておりますぞ。殺されたと思い込《こ》んでおるは、他《た》の星の人の演出《えんしゅつ》でありますのじゃ。分からんのも無理ないなれど、科学の力と、替《か》え御魂《みたま》と、話のすり替え誇張《こちょう》と、混《ま》ぜこぜになりて訳《わけ》の分からん話、宗教《しゅうきょう》に作り変えられましたのじゃ。分からんと申せ、いつ迄《まで》も真《まこと》分からんのは気の毒でありますから、申しておきますぞ。キリスト拝んでも救われぬぞ。己、拝みなされよ。己、キリストぞ。仏《ほとけ》ぞ。神の御身体《みからだ》、与《あた》えられておりますのぞ。真《まこと》、拝みなされよ。ゆえに喜び溢《あふ》れ出てきますのじゃ。

二〇一七年一月六日　大日月地御靈《おおひっくおんたま》

四十六

神示《しんじ》読まんでも良い出来た人民、一人もおらんぞ。皆々《みなみな》、心改めねばならんのであるから、声出してお読み下されよ。何度でもお読み下されよ。読めば変わるのぞ。御《み》魂《たま》の掃除洗濯《そうじせんたく》になりますのぞ。腹《はら》立てども、めげるなれども、後々《のちのち》喜びますます湧《わ》き出《い》でて、あっぱれうれしたのし変われますのぞ。説教必要ゆえ申しておりますのじゃ。分かりて下されよ。褒《ほ》めてばかりでは、靈人《れいじん》も人民も変われんから、辛抱《しんぼう》してお読み下されよ。憑《つ》き物にも読んで聞かせなされよ。

靈《れい》も人も頭でっかち、何にもならんぞ。知識欲《ちしきよく》満たしたとて、自己《じこ》満足の類《たぐ》いであるぞ。身《み》になされよ。生き方あり方、変えなされ。口ばかりは我良《われよ》しの輩《やから》ぞ。口達者《くちたっしゃ》多いのう。人民、苦《く》、活《い》かせん者多いから、宝《たから》も石ころ同然にいたすゆえ、いつまで経《た》っても右から左じゃなぁ。見ても聞いても活《い》かさんと知識も忘《わす》れてしもうて、終《しま》いには無くなるのぞ。見ておらん聞いておらんと同じとなるのじゃ。活かせる内に活かさんと、宝とはならんものぞ。知識、ごみの山にして下さるなよ。素直《すなお》に聞ける人民、靈格《れいかく》高いのぞ。真《まこと》、受け入れられるのは器《うつわ》出来ておるからぞ。受け入れられんのは、それだけの器《うつわ》無き御魂《みたま》である道理、分かりたか。求めれば得られるのぞ。真《まこと》の喜び求めなされ。

この方《ほう》、人民騙《だま》さんぞ。騙したとて人民可愛《かわい》さであるから、人民損《そん》すること何一つ無いのであるから、子、愛する親の言葉、素直に聞ける子となりなされよ。聞けぬは怖《おそ》れじゃ。慢心我良《まんしんわれよ》しじゃぞ。己《おのれ》が見極《みきわ》め足らん者であるからぞ。みな靈性靈格相応《れいせいれいかくそうおう》に受け取れるのじゃ。頭、下げてみよ。ありがたく手伸《の》ばして頂《いただ》いてみよ。うれしたのし楽に進めるぞ。神人《かみひと》、嘘《うそ》つきと思うか。公《おおやけ》の面前で大嘘《おおうそ》つきいたし続けておるのかのう。そう思うのは、そなたの心が歪《ゆが》んでおるから、そう思うのでありますぞ。味《み》噌《そ》と糞《くそ》の区別出来ぬのか。

お偉《えら》いさんは、神はおらん、靈もおらん、我《われ》の神が一番じゃ、そう思うそなたは何者であるのかのう。その知識は誰《だれ》の受け売りじゃ、申してみよれ。人民、何千年と騙《だま》されておること多々《たた》あるのぞ。力ある者ら時々に、我良《われよ》し都合良く申し聞かせてきたものぞ。人民歪《ゆが》ませ続け真《まこと》分からんように、囚《とら》われの僕《しもべ》にいたしてきましたのぞ。良いか。人民の知識は誰が与《あた》えたものか分かりますまいに。人民、一人で産《う》み出したもの無いのぞ。知識の出所《でどころ》、良《よ》きも悪《あ》しきもありますのじゃ。他《た》の星の人からもたらされたもの多いぞ。別次元の靈から与えられたもの多いのでありますぞ。悪《あ》しき出所のものも多いのぞ。後《あと》ゆく程《ほど》に人民揉《も》めさせ、破壊《はかい》させ、ますます苦しませるものであるから、早《はよ》う手放《てばな》さねばならんぞ。いつまでも手放せん我良し執着《しゅうちゃく》は共倒《ともだお》れとなるから、分かりた人民から見切りつけて変わるが、結構《けっこう》結構でありますのぞ。

高きから低きへと流れ、時に応《おう》じて季節《きせつ》変わる姿《すがた》が真《まこと》の生き方、世の在《あ》り方でありますぞ。人民、地《ち》に頭つけてみよ。真《まこと》の叡智《えいち》、得られますぞ。地とは、親神《おやがみ》のことでありますぞ。

二〇一七年一月六日　大日月地御靈《おおひつくおんたま》

四十七

世界の民《たみ》、読む書となりますぞ。末代《まつだい》読まれる筆先《ふでさき》となりますから、大き心で視《み》られる目養《やしな》いなされ。真《まこと》の教え伝えて参りますから、縁《えん》ある者ここに繋《つな》がり下されよ。良いか。宇宙《うちゅう》の中に在《あ》るのぞ。すべては在るのであるぞ。心とは、宇宙となるのぞ。大きい宇宙も小さい宇宙も、過去《かこ》の宇宙も未来の宇宙も、すべて一つにもなり無限《むげん》とも変わるのであるぞ。宇宙は幻《まぼろし》と申す人民、そなたの肉体は幻であるかな。幻じゃと申すならば、そなたは何者であるかのう。良いか。宇宙は大神の肉体であり、宇宙は在るのであるぞ。真《まこと》、理解《りかい》なされよ。宇宙に地《ち》のみ在るので無いのぞ。日も月も星々も、千億銀河《せんおくぎんが》在るのぞ。真《まこと》の次元科学、学びなされよ。

人、偉《えら》ぶると訳分《わけ》からぬ学に囚《とら》われて、都合のいい我良《われよ》しとなりますから、足元、気を付けるのぞ。これから、ますます我良し科学に縛《しば》られ、真《まこと》、理解出来なくさせられる方増《ふ》えますから、てんやわんや賑《にぎ》やかになりますぞ。話し上手《じょうず》な方、表《おもて》に現《あらわ》れて嘘《うそ》で人民惑《まど》わすから気を付けなされ。歪《ゆが》んだ学も、病《やまい》であるぞ。病にさせられた者であるぞ。思考にも病あるのぞ。魔《ま》に操《あやつ》られておる類《たぐ》いであるから、真《まこと》の喜びからは遠のくのでありますぞ。

十二の次元、在《あ》りますぞ。有《ゆう》でありますぞ。一の次元、隠《かく》れておるのぞ。無であるぞ。十三の世界、一つに重なり繋がりて在りますぞ。すべて呼吸《こきゅう》し合っておるのぞ。多重次元の世界が一つでありますのじゃ。これ、真《まこと》ぞ。間違《まちが》えるでないぞ。科学の元《もと》になりますから、真《まこと》の学、学びなされ。遠くに在るもの、近くに在りますぞ。近くに在るもの、遠くに必ず在るのぞ。意識《いしき》の世界は、瞬間《しゅんかん》の世界であるぞ。物質《ぶっしつ》の世界とは、異《こと》なるものでありますぞ。

物質の世界は、変化が遅《おそ》い世界でありますのじゃ。ゆえにじっくりと観《み》て学べますのじゃ。じゃが、いずれは必ず変わる世界でもありますのぞ。変わらぬのでないぞ。変わるのであるぞ。時間の有る世界と時間の無い世界がありますのじゃ。時間の無い世界は、瞬間で変わる世界でありますのぞ。意識の世界の科学が真《まこと》の科学じゃが、人民にはまだ理解出来ぬのでありますぞ。宇宙は広いのであるが、意識の世界から視《み》れば、小さくも見れるものでありますぞ。自由自在《じざい》の意識の中にも、靈性相応《れいせいそうおう》の世界の広さありますのじゃ。

井の中の蛙《かわず》とは、幼《おさな》き御魂《みたま》のことぞ。御魂《みたま》は永久《えいきゅう》に変わり続ける存在《そんざい》でありますぞ。物質は御魂《みたま》が繋がりし世界でありますのぞ。ゆえに生まれ変わり千変万化《せんぺんばんか》いたし在るのぞ。魂《たましい》の記憶《きおく》の世界にしかおらぬものぞ。死んで宇宙になるのでないぞ。宇宙でありた記憶の中に戻《もど》ることも出来るのであるぞ。草木、虫、獣《けもの》、石、水、土でありた記憶の世界であるのじゃ。取り違《ちが》えいたすでないぞ。死んで神となるのでないのぞ。神でありた記憶を、かつては神から生まれ出た己《おのれ》の姿《すがた》を見させて頂《いただ》きながら、また違う形に生まれ変わり続けさせて頂くのでありますのじゃ。

人民よ、真《まこと》、よく学びなされよ。皆々《みなみな》、神の中におるのぞ。宇宙の中に在るのぞ。真《まこと》の教えじゃ。

二〇一七年一月六日　大日月地御靈《おおひつくおんたま》

四十八

人の世は意識《いしき》の顕《あらわ》れの世でありますから、何思うかが大事な人民の仕事でありますのじゃ。心映《うつ》るは世の青写真でもあるから、何映したいか大切でありますのぞ。何が真《まこと》、喜びかのう。皆々《みなみな》喜びなること、あっぱれじゃなぁ。我良《われよ》し、喜び小さいなぁ。我《われ》喜びても、周り苦しんでおりたら、真喜《まこと》びならんなぁ。皆々腹空《はらす》かしておるのに、一人だけ腹満《はらみ》たして、真《まこと》の喜びにはならんのでありますのじゃ。皆《みな》で分け合うから、皆々笑顔《えがお》となりますぞ。

何ゆえ分け合うこと出来んかのう。そなた、我良しゆえぞ。他慈《たいつく》しむ心が足らんのぞ。他《た》の心思う優《やさ》しさ足らんのじゃ。ゆえに他《た》に嫌《きら》われ淋《さび》しくなりますのじゃ。獣《けもの》とて、子や仲間思うて分け合い、共に生きられるものおりますのじゃぞ。まして人たるもの、獣《けもの》以下ではならんのう。人は人のことだけならず、獣《けもの》や草木、虫らのことまで考えて生きる真《まこと》の神世《かみよ》にせねばならんのであるなれど、魔物《まもの》の僕《しもべ》に成り下がり、飼《か》い慣《な》らされていては情《なさ》けないのぞ。

人民に知識与《ちしきあた》えておるのは、皆々喜ぶ世、作らせるためであるから、我良しの世生きる、低き教えの中にある弱肉強食《じゃくにくきょうしょく》の世であってはならんのぞ。地《ち》の民《たみ》よ、我良しのお偉《えら》いさん殿《どの》をいつまでも崇《あが》めること止《や》めなされ。もう恐《おそ》れんで良いぞ。僕《しもべ》となり続けること、自《みずか》ら魔《ま》となり他《た》苦しめる者となり続けること、もう要《い》らんのぞ。金《かね》の世、皆で終わらせねばならんのじゃ。金の世は、人民縛《しば》る仕組みぞ。魔の策《さく》でありましたのぞ。仕組み終わらせるには、皆々で分け合える心、まず育《はぐく》まねば、真《まこと》の仕組み生み出せんぞ。真《まこと》教える者増《ふ》えねば、世変えられんのぞ。魔の僕《しもべ》と成り下がりておる者多き世で、人民多数決の仕組みいたせば、魔の僕《しもべ》の世となる道理、当たり前でありますのじゃ。そのこと分かりておって、悪魔《あくま》ら仕組みた悪《あく》自由、悪《あく》多数決の世じゃぞ。目醒《さ》ませよ。分け合える己育《おのれはぐく》めよ。我良し、外道《げどう》の生き方でありますぞ。

二〇一七年一月六日　大日月地御靈《おおひつくおんたま》

四十九

腹《はら》の中に魔物《まもの》おると、神示《しんじ》声出して読むと腹立《はらだ》たしくなりて叫《さけ》びたくなりますぞ。イライラ虫が身体《からだ》中で暴《あば》れ始めますのぞ。神示が悪《わる》いのでないぞ。神示受け入れられぬ魔《ま》が、腹立てておりますのじゃ。変わりたくないと叫んでおりますのじゃぞ。己《おのれ》に魔物棲《す》んでおらぬと申す人民、ゆえにそなたは魅入《みい》られ魔に使われますのじゃ。我良《われよ》しゆえに見えぬのぞ。この神示、声出して読めば、魔物邪霊《じゃれい》みなみな腹立てて暴れ出すのぞ。隠《かく》れ成りすましておりた魔の僕《しもべ》ら炙《あぶ》り出すのであるぞ。人民に成りすまして悪さしておること分かりておるゆえ、この靈団《れいだん》みなに申しておりますぞ。

魔の僕《しもべ》らは、人民同士を不仲にいたし闘《たたか》わせ、負《ふ》の念《ねん》掻《か》き立てて、魔物らの居心地《いごこち》いい容《い》れ物増《ふ》やして群《む》れなすものぞ。洗脳《せんのう》いたして縛《しば》りつけ、意のままに操《あやつ》るやり方好むのぞ。恐《おそ》れ植え付け、救世主《きゅうせいしゅ》に成りすまし、人民逃《のが》れられぬように、周りの人々次々取り込《こ》みて、意のまま操る僕《しもべ》生み出してゆくのぞ。魔の真似事《まねごと》いたす人民多いゆえ、申しておきますぞ。皆々《みなみな》、魔の僕《しもべ》となりた人民でありますぞ。洗脳されておるから、己《おのれ》は善《ぜん》の仮面被《かめんかぶ》りて神仏《かみほとけ》の遣《つか》いに成りすましておりますのじゃ。善の仮面被りた悪《あく》、見極《みきわ》めれねば、次に進めんのじゃぞ。よくよく見てみなされよ。魔の尻尾《しっぽ》、必ず出ておりますぞ。隠せんのでありますぞ。己、身魂磨《みたまみが》き出来ておらぬと善《ぜん》と悪《あく》の見極め出来ず、味噌《みそ》と糞《くそ》の区別さえ出来ぬように意識《いしき》操られてしまいますぞ。

これまで身魂磨《みたまみが》き肝心《かんじん》と申して来たのは、今の魔との戦《いくさ》に勝てんゆえぞ。骨抜《ほねぬ》きにされ埴輪《はにわ》のような傍観者《ぼうかんしゃ》にされてしまい、我良《われよ》し我《わ》がまま人《びと》になるゆえ、まったく世直しの役に立たぬのでありますのじゃ。分かる者と分からぬ者と元々《もともと》の差はあるのじゃが、人民に手柄《てがら》立てさせたいゆえ、くどう申して来ましたのじゃ。汗水垂《あせみずた》らし稼《かせ》いだあとの飯《めし》は美味《うま》かろうに。何もしておらぬと喜びは小さいのでありますぞ。身魂《みたま》も成長出来んのでありますから、子思う親の気持ち察《さっ》して下されよ。

この方《ほう》、大日月地大神大靈団御靈《おおひつくおおかみおおれいだんおんたま》、靈人《れいじん》となりて神人《かみひと》の身体《からだ》となりて、こうして人民に申しておりますのじゃ。地《ち》の民《たみ》に分かるよう申しておりますぞ。何千年も前から人々に伝え、その時その時に応《おう》じた教えいたして参ったのじゃが、人民早とちり多く我良しとなりて、我《われ》が我がの戦《いくさ》好むゆえ堂々巡《めぐ》りとなりて来ましたのじゃ。神人遣《かみひとつか》い言葉にして広めても、人民、魔との契《ちぎ》り選べば、真《まこと》喜びから離《はな》れてゆくのぞ。魔、あの手この手と偽《いつわ》りて、見せ掛《か》けの快楽《かいらく》見せ付けて取り込み、真《まこと》神の意から遠ざけ、己らの僕《しもべ》と洗脳してきましたのじゃ。

悪魔《あくま》の力大きくなりたのは、人民味方になりたからであったのぞ。目先の欲《よく》で選ぶと後々《のちのち》苦しくなること、人民には分からぬから、今の世となりましたのじゃ。苦《く》、知らねば、真《まこと》改心出来ぬゆえに、学ばすため見守りて来たなれど、いよいよ人民みなみな悪魔《あくま》らの喰《く》い物となる瀬戸際《せとぎわ》まで来ていたゆえ、我々《われわれ》靈団、この星に介入《かいにゅう》して参りましたのじゃ。元の元の元からの予定通りでありましたのじゃぞ。申して来た通り、悪魔ら降参《こうさん》させ地《ち》からいなくなりて、残りの魔の僕《しもべ》ら皆々改心させて、後《あと》は人民身魂《みたま》磨《みが》きし直して、次の世のお役に遣《つか》うのでありますぞ。これまでの魔の洗脳をすべて外《はず》して参る仕事、いたしておりますのじゃ。

分かりた人民、お手伝い下されよ。お役、いくらでもありますのぞ。世直し喜び勇むが真《まこと》の人民でありますのぞ。命懸《いのちが》けで喜びに生きられる姿《すがた》、みなみな神人《かみひと》でありますのぞ。いずれは皆々神人《かみひと》となりた人民たちに世お任《まか》せいたして、我々は隠居暮《いんきょぐ》らしとなりますぞ。靈人と人民とが何でも話し合い歩める世の礎《いしずえ》作りて、真《まこと》の世に作り変え、人民、草木、虫、獣《けもの》、皆々喜べる仕組みとなりますのぞ。先は長い話なれど、一つ一つ変わりて参るから、先ゆくほどに喜び大きくなりますのぞ。喜び多き行《ゆ》く宛《あて》ありますのぞ。信じてみなされ。信じられるがまず始めの喜びでありますぞ。真《まこと》良き仲間繋《つな》がりて、笑いおうて歩めるようになりますぞ。次の喜びでありますのぞ。身魂《みたま》磨《みが》きされゆけば、生きているだけでうれしたのしありがたくなりて、喜んで世のために生きる人となりますぞ。その次の喜びぞ。人と愛し愛され笑顔《えがお》に囲まれて、草木、虫、獣《けもの》、皆々共に仲良く暮らせるようになりますぞ。まだまだ喜びいくらでも与《あた》えられますのじゃ。信じてみなされよ。腹括《はらくく》りて信じてこの道歩んでみなされよ。嘘《うそ》は申さんぞ。

繋《つな》ぎいたす神人健仁《かみひとたけひと》、お役目まっとういたしながら喜び勇む真神人《まことかみびと》でありますぞ。人知れぬ苦労何十年と日々《ひび》さして世の立て替《か》え役務《つと》めておりますのぞ。靈《れい》、人、皆々導《みちび》きながら、真《まこと》生き証人《しょうにん》として地《ち》の世視《み》ておりますのじゃ。我々靈団の足場となりて、目耳口手足と成りなりてのお役目、他《ほか》に出来る者おらんのぞ。靈媒《れいばい》の業《ぎょう》も上から下までピンキリであるから、誰《だれ》に遣《つか》われておる者かでまこと力大きく異《こと》なりますぞ。真見《まこと》極められる真人《まことびと》にならねば真《まこと》は分からんものでありますぞ。

縁《えん》ある人々、お力添《ちからぞ》え下されよ。ならば我々がそなたをお力添《ちからぞ》えいたしますぞ。世の立て替え立て直しのお役、喜び勇む真人《まことびと》、皆々集《つど》いて下されよ。新たな力、顕《あらわ》れますぞ。筆《ふで》、伝え下されよ。

うれしうれしたのしたのしありがたいありがたい。

あっぱれあっぱれでありますぞ。

二〇一七年一月八日　大日月地御靈《おおひつくおんたま》

五十

神示《しんじ》、いくらでも出るのぞ。人の流れに応《おう》じ、言葉出しておるのじゃ。九分九厘《くぶくりん》は仕組み通り進んでおるから、残りの一厘《いちりん》は人民に委《ゆだ》ねておりますのじゃぞ。人民の手《て》柄《がら》、一厘《いちりん》の仕組みの中にこそ顕《あらわ》れておりますのじゃ。思い込《こ》み取り違《ちが》い祓《はろ》うて、改心いたした分ずつ良きように変わりておりますのじゃ。時の早し遅《おそ》しの違いあるだけでありますぞ。皆々《みなみな》心のありようでありますのじゃ。半靈意識《はんれいいしき》の世界にお移《うつ》りじゃと申しておろうがな。物質《ぶっしつ》意識に囚《とら》われておっては、真《まこと》の喜びは摑《つか》めんのでありますのぞ。真《まこと》の科学にならんのでありますのじゃぞ。人智《じんち》を超《こ》えた神智《しんち》でなければ、真《まこと》の世の立て替《か》え立て直しは出来んのでありますのぞ。神智、頂《いただ》くには、頂けるだけの御魂《みたま》となりて下されよ。

綺麗《きれい》さっぱりいたして、地《ち》に頭つけて祀《まつ》ろうて下されよ。土下座《どげざ》せねばならんのかとご立腹《りっぷく》なされます方、慢心極《まんしんきわ》まりないのう。地に頭つけるとは、神の御身体《みからだ》に、頭つけることでありますぞ。足元、神ぞ。地《ち》の大神の御身体《みからだ》であるのぞ。何も恥《は》ずかしきことではないのぞ。地に頭つけられぬそなたの心のありようが恥《は》ずかしきことぞ。真《まこと》分からず、偽《いつわ》りごと真《まこと》と思い込んでおいでじゃ。分かりたか。

慢心、取り違えいたして、真《まこと》の神を無きものにいたし、靈人《れいじん》も人民もやりたい放題のありよう。ゆえに皆々苦しんでおるではないか。そなたらが好き放題いたしてきた因果《いんが》じゃ。共倒《ともだお》れとなりますのじゃぞ。草木も虫も獣《けもの》らも皆々、人間様を恐《おそ》れておいでじゃ。皆に好かれん人間様は、どうしたもんかのう。改心せねばならんから、苦しみ自《みずか》ら因縁《いんねん》だけ味おうておりますのぞ。人間様が慢心に至《いた》りて、この世を汚《けが》し壊《こわ》し好き放題しておりますのは、靈人様方が真《まこと》の導《みちび》き出来んからでありますぞ。靈《れい》も人も皆々魔物《まもの》の僕《しもべ》となりて、草木、虫、獣《けもの》らに嫌《きら》われてしまいましたのじゃ。他《た》の星では、皆々仲良うお暮《く》らしなされておるぞ。良き星、多いぞ。草木、虫、獣《けもの》ら皆々喜びて調和しておりますぞ。悪《あ》しきイナゴのような人間ではならんのう。他《た》の星探《ほしさが》しいたして、生まれ育った地食い尽《つ》くし、やりたい放題いたして大切に出来ん人民も靈人も、皆々魔《ま》に洗脳《せんのう》された我良《われよ》しの類《たぐ》いでありますぞ。不和産《う》むだけの紛《まが》い物ぞ。そのような御《み》魂《たま》は、どこに行っても嫌《きら》われる因果《いんが》じゃ。皆で助けおうて分けあい和すこと出来ん者は、皆に嫌われますのじゃ。

俯瞰《ふかん》しもっと大きい目で世見て下され。大日月地大神《おおひつくおおかみ》、宇宙《うちゅう》、銀河《ぎんが》のあらゆる靈団《れいだん》連合ぞ。多くの銀河視《み》ている大きい靈団でありますぞ。地《ち》の民《たみ》の分相応《ぶんそうおう》に願い叶《かな》えますぞ。力添《ちからぞ》えいたしますぞ。おのおの心の中に入《はい》りて、手取り足取りお導《みちび》きもいたしますぞ。そがため、素直《すなお》に改心いたして、神意《しんい》に心お開きなされ。良き指導靈《しどうれい》の声、思考と顕《あらわ》れ、うれしたのしお役目勇む民《たみ》となりますぞ。嘘《うそ》は申さんぞ。何の得にもならん。人民、真《まこと》喜び生きる姿《すがた》見るが我《われ》らの喜びでありますぞ。分かりたか。魔の教え、歪《ゆが》んだ癖《くせ》、手放《てばな》しなされ。皆で声掛《か》けおうて励《はげ》ましながら進みなされ。世の立て替え立て直し、真改心《まこと》出来た者から順になさる仕組みぞ。変わるぞ。どんどん変わりますのぞ。進むほどにうれしうれしたのしたのし道でありますぞ。

あっぱれあっぱれ。むーうーるーうーおーーー。あーわーやーらーわーーー。えーみーたーめーえーみーたーめーーー。

神人《かみひと》、お役ご苦労ぞ。むーうーるーうーおー。

二〇一七年六月十六日　大日月地大神御靈《おおひっくおおかみおんたま》　伝う。

五十一

皆々《みなみな》、我良《われよ》しの心が苦しみを広げておるのであるから、我良しの心、手放《てばな》しなされよ。神に選ばれし者というもの、誰《だれ》一人としておらんのであるぞ。皆々、神の顕《あらわ》れでありますぞ。肉体みな、神の分身ぞ。心みな、神の心に繋《つな》がりておりますぞ。何一つとて要《い》らぬ生き物無いのでありますぞ。神に愛されておらぬ人、誰一人とておらぬのでありますのじゃ。人民、近目の我良しで見るから、分からんのでありますのじゃ。因果《いんが》のままに顕れる神仕組みでありますから、皆々己《おのれ》を見させて頂《いただ》いておりますのぞ。分かりたか。

自由奔放《ほんぽう》に地《ち》を壊《こわ》したり汚《けが》すでないぞ。真《まこと》の教えは壊さぬこと、穢《けが》さぬこと、奪《うば》わぬことでありますぞ。地《ち》の民《たみ》よ、真《まこと》の教え学びなされよ。一から学ぶとは、このことでありますぞ。悪魔《あくま》らの僕《しもべ》となりた者らの教え、捨《す》ててみなされよ。楽になりますぞ。金《かね》、要《い》らんのでありますぞ。皆《みな》で分け合う仕組み作れば良いだけであるのぞ。人は要《い》る分だけであるぞ。草木、虫、獣《けもの》らの分は、何より大事であること学ばねばならんぞ。悪《あく》の僕《しもべ》と成り下がりておるから、人民、目醒《さ》ましなされよ。殺されて喜ぶものはどこにもおらんのぞ。手合わせれば、何殺しても許《ゆる》されると申す教えは、邪《じゃ》の教えぞ。ゆえに今の世となりたのぞ。真《まこと》の教え、皆で学びおうて下されよ。神示《しんじ》、よく読んで噛《か》み砕《くだ》いて、分かりやすく皆で話しおうて、新たな世の仕組み、創《つく》り変えて下されよ。目《め》覚《ざ》めた人民、手繋《つな》ぎあわせて助けおうて、立て替《か》え立て直し下されよ。そなたらのお役目でありますぞ。命懸《か》けて真《まこと》の喜び求めて下されよ。霊団《れいだん》みなみな、お力添《ちからぞ》えいたして参りますぞ。

あっぱれ花咲《さ》く世の立て替《か》え立て直しでありますのぞ。生命貴《いのちとうと》ぶ世の仕組み、創りあげて参りますのぞ。感謝《かんしゃ》、すべてに対し顕す真《まこと》の教えでありますぞ。

あーわーやーらーわー
おーおーおーおーおー
うーるーうーおーー

二〇一七年七月十八日　大日月地大神御靈《おおひつくおおかみおんたま》　う

五十二

これからのことでありますぞ。人は皆々《みなみな》改心を深め、ますます変わりますのじゃ。これまでの植え付けられた偽《いつわ》りの意識《いしき》が、変わりてゆきますのじゃ。真《まこと》を知り、嘘《うそ》偽りから自《みずか》ら離《はな》れて参りますのじゃ。苦しみの元《もと》は、魔《ま》の僕《しもべ》らに人民霊人《れいじん》思い込《こ》まされてきたゆえであるから、嘘の類《たぐ》いであるから、一つずつ気づけて見直さねばならんのぞ。悪《あく》の僕《しもべ》らは、己《おのれ》らに都合よく言いくるめることに長《た》けておるから、皆々騙《だま》されるのも無理ないなれど、靈《れい》も人も真《まこと》知らぬ者が申す言葉には、必ず違和感《いわかん》が顕《あらわ》れて来るものゆえに、よくよく感じ取りて下されよ。真《まこと》知る者の言葉には必ず光あるから、厳《きび》しき言《こと》申しておりても後々《のちのち》嬉《うれ》しくなるものでありますぞ。白き砂糖《さとう》は甘《あま》くて美味《おい》しい偽物《にせもの》でありますのぞ。皆々虜《とりこ》にさせて病《やまい》の元にいたすのぞ。分かりたか。

人民は騙《だま》されやすいから、あっちにふらりこっちにふらり、ころころ転がって丸っこい石ころじゃなぁ。ここぞと腹《はら》決めて腰据《こしす》えて学ばねば、真《まこと》は摑《つか》めんのでありますぞ。右から左へ、左から右へ流されぬ意思、心に据えなされ。あっぱれ眩《まぶ》しい身魂《みたま》に磨《みが》かれて、うれしたのし生きられますぞ。迷《まよ》いは癖《くせ》からぞ。恐《おそ》れは過去《かこ》の染《し》みぞ。能《のう》書《が》き申すは知識《ちしき》の埃《ほこり》じゃ。掃除洗濯《そうじせんたく》、整理整頓《せいりせいとん》、心の景色《けしき》を綺麗《きれい》にせねば、いつまで経《た》ってもまこと気持ちは晴れんのぞ。これまでに詫《わ》びてみなされ。一切《いっさい》に頭下げて感《かん》謝《しゃ》してみなされ。生かして下さり、学ばせて下さり、ありがとうございますと、謙虚《けんきょ》になりなされよ。自《おの》ずとうれしたのしとなる道理ぞ。

他《た》の粗捜《あらさが》しばかりいたす輩《やから》は、嫌《いや》み多い喜び少ない心貧《まず》しきお方であるのぞ。他を労《いたわ》り気持ちを察《さっ》す心豊かな暮《く》らし、素直《すなお》に求めなされよ。他を思いやり優《やさ》しくするから仲良くなれるのぞ。他と揉《も》め事多いのは、そなたが思いやり足らんからでありますぞ。そなた、他の粗捜《あらさが》しして嫌《いや》みばかり申しておらんかのう。好かれんのは好かれん理由あるのぞ。他《た》を愛するゆえにする説教とそうでないものの違《ちが》いは、靈でも人でも自《おの》ずと分かるものでありますぞ。分からんと申すは屁理屈《へりくつ》好きな魔の者の類《たぐ》いと化しておるからぞ。愛されたければ素直《すなお》に愛されたいと思いなされ。そして、愛されるために他を大切にしなされ。他の真《まこと》の幸せを願う者になりなされよ。他と競《きそ》ってばかりおっては、真《まこと》の喜びは薄《うす》いのじゃぞ。我《われ》が我がで、己《おのれ》かまってほしいばかりの心貧しき者は、皆に愛想尽《つ》かされ、終《しま》いには嫌《きら》われますのじゃ。

他に勝つこと、真《まこと》の喜びではないのじゃぞ。他に勝たせてやりなされ。他の喜ぶ顔観《み》るのが真《まこと》の喜びぞ。己の中に成りすまして出入《ではい》りする魔に勝つことであるぞ。勝つとは、他を理解《りかい》して感謝に至《いた》ることでありますのじゃぞ。喜び合うことでありますのじゃ。競《きそ》い合いの世は終わるのぞ。他殺す奪《うば》い合いの教えは、終わるのじゃぞ。暫《しばら》くは過去の残り香《が》ぞ。

奪い合う世から与《あた》え合う世へと、大きく変わっておりますのじゃ。互《たが》いを認《みと》め合い、自他《じた》共に大切にし合う真《まこと》の調和の世へと、日々移《ひびうつ》り変わりておりますのじゃぞ。ゆえに他を大切に出来るお方から順に、真《まこと》うれしたのし世に生きられるようになりますのじゃ。他とは、人ばかりではないのぞ。草木、虫、獣《けもの》らすべて他ぞ。人様、他に愛される者に変わる世となりますのぞ。姿形《すがたかたち》も変わるのぞ。個々の喜びに見合うお姿に変わってゆきますのじゃ。愛され愛するゆえに喜び溢《あふ》れ光輝《かがや》くのじゃ。愛されんのは、そなたが意固地《いこじ》に心閉《と》ざし、他に配慮《はいりょ》出来ん我良《われよ》しじゃからぞ。

笑いなされよ。そなたの笑顔《えがお》、見て頂《いただ》きなされよ。他、妬《ねた》むでないぞ。妬めばますます己惨《みじ》めとなるぞ。嫌《いや》み申すなよ。ますます皆に嫌《きら》われますぞ。自暴自棄《じぼうじき》になりて悪《あく》に取り込まれるでないぞ。悪に成りすましても、悪魔《あくま》の僕《しもべ》となりて家畜《かちく》のように扱《あつか》われるだけでありますぞ。善《ぜん》も切りがないが、悪も切りがないのじゃ。皆々、悪に逃《に》げるでないぞ。悪に逃げるは容易《たやす》いなれど、上には上がおりまして、苦しみが増《ま》すのみの世界であるから、皆に申しておきますぞ。

自《みずか》ら死んでも終わらんのでありますぞ。自害《じがい》した者同士集《つど》いて、薄暗《うすぐら》い深い負《ふ》の念《ねん》の穴《あな》の中で、互《たが》いに罵《ののし》り合いもがき苦しみますぞ。

真《まこと》、知らねばならんのう。真《まこと》の喜び求め改心いたし、頭下げて生きる道より他《ほか》無いのでありますのじゃ。皆々、遅《おそ》し早しあるなれど、真《まこと》へと向かいて変わるのみでありますぞ。頭、下げてみなされよ。償《つぐな》いの言葉、申しなされよ。手ついて心よりお礼《れい》申してみなされ。皆々様方に頭下げて生きる道は、真《まこと》のうれしたのし天晴《あっぱ》れな未来でありますぞ。

花咲《さ》く世　心晴れやか　うれしたのし良き未来
洗われる　顕《あらわ》れる　あらー(神)われ(我)いる(居る)
神、人、共に、わーらーうー　わーらーうー　わーらーうー。
おーおーおー。
あーあーあー。
うーるーうーおー。
神人《かみひと》共に変わる道。

うーれーしーたーのーしー　あーらーわーれーるー　うーるーうーおー。

二〇一七年七月十八日　大日月地大神御靈《おおひつくおおかみおんたま》

五十三

善《ぜん》に成りすまし悪《あ》しきこといたす靈《れい》おるから気つけなされよ。己《おのれ》、マコトに己である
かな。思考も感情《かんじょう》も、見極《みきわ》めねばならんぞ。そなたに成りすまして、物申す者おる
のぞ。他《た》、悪く思い、他、悪く申したなら、己、まずは疑《うたが》ってみなされよ。靈媒《れいばい》の者、
狂《くる》わされること多いから、己、疑うが常《つね》であるのぞ。忍《しの》び寄《よ》り憑依《ひょうい》いたし囁《ささや》く魔《ま》、多
いぞ。そなた、見極め足らんから、魔に操《あやつ》られ苦しくなるのぞ。

神示《しんじ》、読んでおるから安心ではないのぞ。慢心《まんしん》、そなたにまだあるから、不和不幸
となりますのじゃ。お役目いたす者、とことん学ばすぞ。腹《はら》の掃除《そうじ》、頭の掃除、心の
洗濯《せんたく》させて、因縁解消済《いんねんかいしょうす》ませさせながら使いますのじゃ。掃除洗濯できておらぬと自《おの》

ずと苦しむ仕組みぞ。魔が人にしていたような虐《いじ》めではないぞ。己が己に苦しめられる道理でありますのぞ。他、悪く申す己、小さいなぁ。学び足らんのぞ。分からんか。他に感謝《かんしゃ》できる己にならねば、真《まこと》のお役目はできんのぞ。他の幸せ願いて生きる者でなければ、真《まこと》の世の立て替《か》え立て直しには使えんのでありますぞ。己の価値観《かちかん》のみ正しいと思い込《こ》まされるなよ。小さな目、狭《せま》き心でありますぞ。一から十《じゅう》、皆々《みなみな》良き形でありますぞ。どの数靈《かずたま》も違《ちが》う素晴《すば》らしき形ぞ、分かりたか。己も大事じゃが、他も大事ぞ。不和となるのは、己が不和好む者と化しているからぞ。他、大切に生きられておらぬからでありますぞ。国と国も同じ道理でありますのじゃ。我《われ》が我がのお偉《えら》いさんばかりでは、仲良くなれんのじゃ。人民に分かりやすう説いておるのぞ。

神人《かみひと》を悪く申すなよ。神人《かみひと》は靈媒《れいばい》じゃ。遣《つか》われておるお役目ぞ。足場となりて靈人《れいじん》らの言葉、お伝えいたすが喜びでありますぞ。人民導《みちび》く大事なお役目、引き受けておりますのじゃ。分かる人民あまりに少ないなれど、何十年とお役目いたし下さっておりますぞ。人としてうれしたのし生きておりますのぞ。他の幸せ願いて誠《まこと》の道歩んでおります人ぞ。仮《かり》にお役目なくとも、他《た》のために生きられる御魂《みたま》でありますのじゃぞ。神人《かみひと》悪く申すは、悪く思いたいゆえでありますのじゃ。己可愛《おのれかわい》さに、神人《かみひと》を悪者にいたし陥《おとしい》れようといたす魔の僕《しもべ》ぞ。良いかな。地《ち》に足つけて、うれしたのし皆のために皆と共に生きておるお人を悪く申すは、魔に操られしお人ではないかな。一人一人心の眼《め》しっかり見開いて、よくよく見極めて下されよ。神人《かみひと》、誰《だれ》かが噂《うわさ》申すように悪者であるかな。嘘《うそ》つきの罪人《つみびと》でありますかな。それぞれの心でお考え下されよ。悪く申すお偉《えら》いさん、多くなりてきたゆえに申しますぞ。

あら探《さが》し、結構《けっこう》結構。己の心の垢《あか》、落として下されよ。悪く申すは己の鏡《かがみ》ぞ。悪く申して、最後には頭下げて詫《わ》びなされよ。己の至《いた》らなさ腹《はら》から知りなされよ。あっぱれあっぱれ改心改心のお仕組みでありますぞ。

二〇一七年七月十九日　大日月地大神御靈《おおひっくおおかみおんたま》

五十四

我良《われよ》しの靈人《れいじん》らが企《くわだ》てる悪《あ》しきことは、すべて監視《かんし》いたしておるから、いずれはみな捕《つか》まるなれど、靈人一人一人改心させるのはなかなか大変であるぞ。人民、真学《まこと》ばねばいつまで経《た》っても真《まこと》分からぬし、真《まこと》分からねば真《まこと》の生き方出来ぬし、真《まこと》学ばせたくとも学ぼうとせねば、いつまで経っても堂々巡《めぐ》りであるから、神人遣《かみひとつか》ってくどう申してきておるなれど、神示《しんじ》読める御魂《みたま》もまだまだ少ないゆえ、ご縁《えん》ある人民殿《どの》、世にお伝え下されよ。

九分九厘《くぶくりん》は、読まぬ聞かぬ関わらぬと教え受け入れられぬお人ばかりじゃが、一厘《いちりん》のお人、真《まこと》学びて真《まこと》の生き方いたせば世は変わるのぞ。真人《まことびと》一人一人が足場となりて、靈団《れいだん》の力、次々と世に顕《あらわ》れて参るから変えられるのじゃ。人の力だけではどうにもならん。靈団靈人共に役目せねば真《まこと》の力は出んのぞ。悪魔《あくま》らはそのことよく分かりておって、神も靈《れい》も無きものと人民に刷《す》り込《こ》んできたのじゃから、人民騙《だま》されるのも無理ないなれど、いつまでも悪魔に騙されたままではならんから、真《まこと》の教え学びて下されよ。地《ち》の民《たみ》みなみな、神示学んで下されよ。大日月地大神大靈団《おおひつくおおかみおおれいだん》からの教えぞ。宇《う》宙《ちゅう》からの教えであるから、ご理解《りかい》下されよ。

地の民の意識《いしき》変わらねば、人の世は良きように変われんのであるから、人民、目覚《めざ》めさせるのにあの手この手で話し掛《か》けてきておりますのじゃ。

神示、声出して読めば変わるぞ。そなたばかりではなく、そなたに関わりておる靈人らもみな変わりますのじゃ。神人健仁《かみひとたけひと》の言葉ではないぞ。神人《かみひと》、靈団靈人の手足となりての靈媒《れいばい》ぞ。私利私欲《しりしよく》無き綺麗《きれい》な御魂《みたま》でありますぞ。世の立て替《か》え立て直しのお役担《にな》う、世の元《もと》からの靈媒の一人じゃから、嘘偽《うそいつわ》り申して人民たぶらかすような器《うつわ》小さき御魂《みたま》ではないのぞ。己《おのれ》、否定されて腹立《はらだ》たしいお方から見れば、あら探《さが》しいたし面潰《めんつぶ》しいたしたいのも無理ないなれど、神人《かみひと》悪く申すはお門違《かどちが》いぞ。皆《みな》のまことの幸せ願い生きておる御魂《みたま》でありますのぞ。真《まこと》分からず、嘘偽り申して知ったか振《ぶ》りで偉《えら》ぶっておってはならんぞ。魔の僕《しもべ》となりておることぞ。

偶像崇拝《ぐうぞうすうはい》は止《や》めなされよ。いつまでもインチキ商売ならんぞ。魔物《まもの》の家畜《かちく》となりておるぞ。真学《まこと》べば、嘘偽り分かるようになるから、申しておりますのじゃ。人民、目醒《さ》まさせ真《まこと》の喜び与《あた》えたいゆえに申しておりますのぞ。分かりたか。神は何も申さん、真《まこと》の神の言葉ではないと申すお偉《えら》いさんおるなれど、真《まこと》の神は人民に何も申さんのぞ。多重次元宇宙そのものが、大神ぞ。銀河《ぎんが》、星々、自然、森羅万象《しんらばんしょう》が、真《まこと》の神でありますのぞ。人民に言葉申すは、靈団靈人ぞ。古《いにしえ》より人民と語らい、人民導《みちび》いて来たのは靈団靈人でありますのじゃ。ゆえに靈、人、共に参らねば真《まこと》の神世《かみよ》に生きられんのでありますぞ。

悪魔《あくま》らは、人民、僕《しもべ》にいたして苦しめ続け、神を穢《けが》し世を壊《こわ》すことばかりしてきたなれど、時来《きた》りてもう悪事《あくじ》出来ぬようになりたから、人民も地の靈人らも皆々変わらねばならんのぞ。地は大きく変わらねばならん時来ておりますのぞ。地の民よ、皆々分かりて下され。地の大神の御心《みこころ》、言葉に代えて伝えてもおりますぞ。

二〇一七年七月二十日　大日月地大神御靈《おおひつくおおかみおんたま》　申す。

五十五

魔物《まもの》に取り憑《つ》かれると、異常《いじょう》な性欲《せいよく》、食欲、眠気《ねむけ》、怒《いか》り、喪失感《そうしつかん》や疎外感《そがいかん》がそれぞれ湧《わ》き出てきて、己《おのれ》では抑《おさ》えきれなくなりますぞ。人民、魔物の容《い》れ物と化してしまうと、獣《けもの》のようになりますのじゃぞ。魔物に身体《からだ》乗っ取られ、思考感情《かんじょう》も己と思い込《こ》まされ、可笑《おか》しなこと申したりいたしたりするぞ。みな己の心の弱さからであり、真《まこと》を知らぬゆえ、魔《ま》に魅入《みい》られるのぞ。他《た》と不和にさせられ、他を犯《おか》すようになるぞ。魔物は人民の苦しみを喰《く》うて喜ぶものぞ。魔は優《やさ》しき言葉で改心するような御魂《みたま》ではないゆえ、取り違《ちが》いいたすでないぞ。異常な性欲顕《あらわ》れたら、食、正しなされよ。獣肉《けものにく》喰《く》らうと獣《けもの》のような欲出てきて、獣人《けものびと》となりてゆくのぞ。例《たと》えで申しておらんぞ。他から奪《うば》うこと当たり前の考えとなり、物事を上か下か強い弱いで見るように成りゆくのじゃ。魔物の僕《しもべ》とはそのことぞ。ますます支配欲《しはいよく》が高まり、己《おのれ》の思いのままに他《た》を従《したが》えさせたくなりますのじゃ。思いのままにならねば、他を悪者《わるもの》に仕立て上げ、皆《みな》を取り込み虐《いじ》めて喜ぶ魔の僕《しもべ》と化すのじゃぞ。嘘偽《うそいつわ》りいたすが当たり前となりて、善《ぜん》に成りすますことにも長《た》けてゆきますのじゃ。人民、悪魔《あくま》知らぬから、やりたい放題やられておっても気づかんから、操《あやつ》り人形ぞ。

真《まこと》の教え、神示《ここ》に出しておるからよくよく読みて、魔、祓《はら》い浄《きよ》めて下され。叫《さけ》びたくなったり、暴《あば》れたくなったり、壊《こわ》したくなったりするのは、そなたが魔に操られておるからぞ。真《まこと》の人は、心穏《おだ》やかに他の幸せ願いて、うれしたのし笑《わろ》うて皆と共に生きておりますのぞ。他の幸せ願い働きなされよ。金持《かねも》ちになりて遊《あそ》んでおる者は、魔の家畜《かちく》となりた者でありますぞ。己さえ良ければ良いと着飾《きかざ》りて、食べ物喰《く》い散《ち》らかし、あれやこれや物欲《ぶつよく》に浸《ひた》るのは、外道《げどう》の生き方でありますのぞ。悪魔に洗脳《せんのう》され落ちぶれた姿《すがた》でありますのじゃぞ。

真《まこと》の神の民《たみ》は、皆で分けおうて助けおうて、すべてに感謝《かんしゃ》し、大いなる和の中で暮《く》らしておりますのぞ。今の世は悪魔らが仕向けたあべこべの世ぞ。欲張《よくば》りな金持《かねも》ちが威張《いば》り、人民を奴隷《どれい》のように働かせ、獣《けもの》殺しては喰い散らかす末法《まっぽう》の世じゃなぁ。仏《ぶっ》魔《ま》に支配された僧《そう》らに貢《みつ》ぎ、金《かね》で極楽《ごくらく》買う者らで満ちておりますぞ。恥《は》ずかしき話じゃ。お釈迦《しゃか》様も嘆《なげ》いておりますわい。真《まこと》の教えがすり替《か》えられたと申しておりますぞ。仏《ほとけ》の道、解脱《げだつ》の道ではないぞ。他のために己生かし切る道ぞ。真貫《まことつらぬ》く清き喜びの道ぞ。他一切《たいっさい》を貴《とうと》ぶ生き方でありますぞ。派手《はで》な袈裟《けさ》下げ、装飾品《そうしょくひん》に包《つつ》まれ、心ない歌唄《うた》って金貰《かねもら》うでないぞ。どこの宗教団体《しゅうきょうだんたい》も皆々似《に》たようなこといたしておりますぞ。信者、脅《おど》すでないぞ。会を止《や》めれば地獄《じごく》に堕《お》ちるじゃの、病《やまい》となるじゃの、義理《ぎり》返さねば神仏《かみほとけ》に崇《たた》られるだのと、嘘偽《うそいつわ》り申すでないぞ。影《かげ》で集《つど》いて、幹部《かんぶ》らは呪《のろ》いの儀《ぎ》いたし、離《はな》れた信者に負《ふ》の念送《ねんおく》りいたしておりますのぞ。

魔の僕《しもべ》、多いのう。一人残らず因縁相応《いんねんそうおう》に罪滅《つみほろ》ぼしさせるから、覚悟《かくご》なされよ。己で己に苦しまされ改心させられるお仕組みでありますから、誰《だれ》も恨《うら》むでないぞ。己のツケは己《おのれ》で返しなされよ。
めでためでたの清めのお仕組みじゃ。
二〇一七年七月二十日　大日月地大神御靈《おおひつくおおかみおんたま》

五十六

許《ゆる》し合うこと大切でありますぞ。真《まこと》の喜びは、互《たが》いに認《みと》め理解《りかい》深めたところにありますのじゃ。道は違《ちが》えど与《あた》えられた縁《えん》は必要ゆえのこと。そなた真《まこと》知るため与えられていたのであるぞ。異《こと》なるもの知り、和すこと大きな変化であり、新たな喜び得られる仕組みでありますぞ。他《た》は異なるものぞ。他は無限《むげん》ぞ。ゆえに無限の喜び与えられておりますのじゃ。違いは魅力《みりょく》ぞ。己《おのれ》に無いもの見させて頂《いただ》いておりますのじゃ。草木、虫、獣《けもの》、皆々《みなみな》同様ぞ。人に出来ぬ役目担《にな》い、世のため生きておりますのぞ。

魔《ま》の教えは弱肉強食《じゃくにくきょうしょく》を正当化したものでもあるが、支配《しはい》の世は皆《みな》が喜ぶこと出来ぬ、偏《かたよ》った教えでありますぞ。長き間、偽《いつわ》りの教え洗脳《せんのう》いたしてきたゆえ、人民は政《まつり》のやり方さえも魔のやり方となりてきたなれど、現次元《げんじげん》世界と異次元《いじげん》世界と和し生かし合う政《まつり》せねば、真《まこと》良き世にはならんのでありますのじゃ。悪魔《あくま》の大将《たいしょう》らは、もう地《ち》にはおらんから、悪魔の教えは手放《てばな》しなされよ。下々《しもじも》の悪《あく》の僕《しもべ》らは、そのこと知らず悪事《あくじ》し続けておるなれど、大将おらぬ戦《いくさ》は何にもならんのでありますぞ。魔の僕《しもべ》となりて使われている人民も、早《はよ》う目覚《めざ》めて下されよ。奪《うば》い合う勝ち負けの世は終わるのぞ。生かし合う喜びの世となるのでありますぞ。遊《あそ》びも、争《あらそ》うもの無くなるぞ。勝った者だけが喜ぶのは、真《まこと》の神世《かみよ》には要《い》らんのぞ。お分かり下されよ。我《われ》さえ良ければ良いとする不和なる教えは、魔の教えであったのぞ。他《た》を愛《いつく》しみ他喜ばす教えが、真《まこと》の教えでありますのぞ。靈団靈人《れいだんれいじん》、人民みなみな改心いたして、次の新たな世に進みますぞ。世の立て替《か》え立て直し進めて参りますのぞ。まずは己《おのれ》の中の戦《いくさ》終わらせて下され。他を認め愛《いつく》しみ、他と和す生き方望む己育《はぐく》みなされ。急がば回れで、何ごともまずは己からでありますぞ。

まことうれしうれしたのしたのしかわるかわるありがたいありがたい、と何度でも声に出して己に言い聞かせて下されよ。大日月地大神御靈《おおひつくおおかみおんたま》祓《はら》え給《たま》え浄《きよ》め給え守り給え導《みちび》き給え、と申して下されよ。指導靈殿《しどうれいどの》が良きにお導きいたして参りますぞ。ここぞと信じてみなされ。決して悪いようにはせんぞ。嘘《うそ》は申さんぞ。

過去《かこ》に対し改心いたす素直《すなお》な心持ちて、豊かな未来望まれ思い描《えが》きなされよ。うれしたのし良き未来、次々と顕《あらわ》れますぞ。己が己と約束せねばならんのぞ。約束は守るものでありますのぞ。天晴《あっぱ》れ良き世に向かう真《まこと》の扉《とびら》開いて下されよ。かしこみかしこみ申《もまを》す。

二〇一七年七月二十二日　大日月地大神御靈《おおひつくおおかみおんたま》

五十七

善《ぜん》の振《ふ》りし味方に成りすまし忍《しの》び込《こ》み、仲違《なかたが》い企《くわだ》て不和にいたす悪《あく》おるぞ。魔《ま》の僕《しもべ》とは、人の不和喜ぶ者たち申すのぞ。嘘《うそ》は上手《じょうず》なれど、嘘の笑顔《えがお》に負《ふ》の念《ねん》が溢《あふ》れておりますぞ。悪の氣《き》は隠《かく》せんのでありますぞ。掃除洗濯《そうじせんたく》出来ておる、真《まこと》の教え腹《はら》に入ったお方であるならば、魔は容易《たやす》く見極《みきわ》められるなれど、上辺《うわべ》だけの見方のお人はまんまと悪に騙《だま》されますぞ。嘘つきにも上には上がおりますのじゃ。真《まこと》の話、混《ま》ぜこぜいたし申すゆえ、真《まこと》、分からなくさせられますのぞ。一つ一つゆっくり確認《かくにん》し、自他《じた》共に問う心持たねば、しっちゃかめっちゃかにされますから、人民も靈人《れいじん》もマコト気つけねばなりませんぞ。

過去《かこ》の世から教えは出して来ておるなれど、どれが真《まこと》か言い争《あらそ》う方々おるなれど、天理《てんり》、金光《こんこう》、黒住《くろずみ》、妙靈《みょうれい》、大本《おおもと》始まり、日月《ひつき》、日月地《ひつきち》、大日月地神示《おおひつくしんじ》、皆《みな》それぞれ違《ちが》いますのじゃ。教えの◎《もと》の出所《でどころ》はみな同じではあるが、取り次ぎいたした靈団靈人《れいだんれいじん》、皆々異《みなみなこと》なりますのじゃぞ。それぞれ時代相応《そうおう》に神示降《お》ろさせ、一人一人改心させて因《いん》縁相応《ねんそうおう》に詫《わ》び入れさせ、その都度《つど》、新たな靈団へと移《うつ》り変わりて、神示降ろす靈媒《れいばい》となる者も入れ変えながら、時代に応《おう》じた教えを伝えさせて参りましたのじゃ。取り次ぎ役員殿《どの》も皆々これまで魔に操《あやつ》られ、あっちもこっちもしっちゃかめっちゃかてんやわんやでありましたから、個々に応じた因縁相応の学びさせて、祓《はら》い浄《きょ》めいたしながら、靈団靈人靈媒《れいだんれいじんれいばい》みなみな共に変わって参られましたのじゃ。何千年何百年と変わって参られましたのじゃぞ。神示降ろすだけでも、そこかしこに魔が忍《しの》び込《こ》みてワヤにいたすゆえ、長き大戦《おおいくさ》となりて参りましたのじゃ。善《ぜん》と悪《あく》の総仕上《そうしあ》げの戦《いくさ》。中には神に成りすます者、守護靈殿《しゅごれいどの》に成りすます者、靈媒《れいばい》に成りすます者、伝え広めるお役となりて教えを歪《ゆが》める者、神示は偽書《ぎしょ》と貶《おとし》める者、傍観《ぼうかん》いたして物見遊山《ものみゆさん》なる者らまでも、悪魔《あくま》らはあの手この手で大戦《おおいくさ》仕掛《しか》け、好き放題暴《あば》れ回って参りましたのじゃ。じゃが、その大戦《おおいくさ》もいよいよ終わりに近づき、見通しがついて参りましたぞ。

人民には、時代に見合った生き方ありますぞ。流れに沿《そ》った生き方が、真《まこと》の喜びでありますのぞ。流れに逆《さか》らうと自《おの》ずと苦しくなりますぞ。教えも同じじゃなぁ。人民、今の時代に見合った教え頂《いただ》きなされよ。古きを尋《たず》ね古き教えで留《とど》まるでないぞ。時は流れておりますのじゃ。時の神様に皆々従《したが》いて、惟神《かんながら》にその時々の喜びを頂きなされよ。古き教えばかりに酔《よ》うでないぞ。古き教えばかり呑《の》ませるでないぞ。古き慣習《かんしゅう》は毒と化すぞ。過去のものには、魔物入《まものはい》りて可笑《おか》しな教え植え付けたもの多いぞ。執《しゅう》着《ちゃく》は、自《みずか》ら悪引《あくひ》き寄《よ》せるぞ。我良《われよ》しとなりて、戦《いくさ》引き寄せるぞ。戦、好むなよ。戦好むは悪《あく》ぞ。

善《ぜん》に成りすまし金儲《かねもう》け集団となりて偉《えら》そうにしておる所、まだまだ多いなぁ。お偉《えら》いさん方、金《かね》と権力《けんりょく》と都合のいい義理《ぎり》で人民縛《しば》るでないぞ。我良《われよ》し宗教《しゅうきょう》ではならんぞ。亡《な》き教祖《きょうそ》らが皆々頭抱《かか》えておりますわい。おのおの真《まこと》の教え求める生き方で良いのじゃぞ。手放《てばな》せよ。与《あた》えっぱなしじゃぞ。信者、解放《かいほう》しなされよ。教義教典《きょうぎきょうてん》の僕《しもべ》にするでないぞ。教祖亡き後《あと》から取り次ぎ役員らに魔入《はい》り、お偉《えら》いさんになりて皆を不和にさせ、教団《きょうだん》を悪《あく》の根城《ねじろ》と化して来たもの多いなれど、悪魔悪霊《あくまあくりょう》好き勝手出来ぬ世とすでになりたから、次々と霊界《れいかい》も掃除洗濯、整理整頓《せいりせいとん》いたして綺麗《きれい》に生まれ変わりておりますのぞ。隅々《すみずみ》までとことん綺麗にいたす時代となりたのであるから、逃《のが》れられる者誰《だれ》一人としておらんから、潔《いさぎよ》く早《はよ》う改心いたしなされよ。どこまで逃《に》げても改心あるのみぞ。どんな霊団とて皆々改心させられ、次々解体《かいたい》しておりますのじゃ。これ、方便ではないのぞ。

真《まこと》、表《おもて》に顕《あらわ》れ、世の立て替《か》え立て直しいたすと申すは、すべてが変わること申すのじゃ。人民の世の法も、慣習《かんしゅう》も学校も教科書も皆々、真《まこと》の教えに変わりますのじゃ。変わるには順ありますぞ。何事も順、大事でありますから、あべこべならんから、人民には分かり難《にく》いことあるなれど、すべては良きように変わりてゆきますぞ。人民、安心して改心いたし、新たな世の立て替え立て直し楽しんで歩み下されよ。己《おのれ》に出来ることで良いのぞ。世を楽しまれよ。真《まこと》、うれしうれしたのしたのしでありますぞ。
改心したお方から順に、あっぱれお役の花咲《さ》かせますぞ。
あーわーやーらーわー。
うーうーうーうーうー。
おーおーおーおーおー。
えーえーえーえーえー。
いーいーいーいーいー。
あーあーあーあーあー。
おーろーおーろーおー。
うーるーうーるーうー。
あーわーやーらーわー。
かしこみかしこみ申しますぞ。
神人《かみひと》、お役ご苦労でありますぞ。あっぱれお役花咲きてうれしうれしじゃなぁ。

あーわーやーらーわー。
うーるーうーおーーー。

二〇一七年八月二日　大日月地大神御靈《おおひつくおおかみおんたま》

五十八

魔《ま》の僕《しもべ》となりておる靈団靈人《れいだんれいじん》らは、新たな世となりたら、皆々《みなみな》石ころに生まれ変わりて、人様に石ころとして踏《ふ》んで頂《いただ》き、足元からありがたき氣頂戴《きちょうだい》して、人様から学ばせて頂きなされよ。人様に踏んで下されと深くお願いなされよ。人、獣《けもの》、草木、虫らを大切に出来なかった方々は、家畜《かちく》となりて檻《おり》の中で鎖《くさり》に繋《つな》がれながら、人様の側《そば》で一つ一つ学ばせて頂ける世となるから、後々因果《のちのちいんが》を楽しみになされよ。皆々、因《いん》縁相応《ねんそうおう》に生まれ変わりて学べるありがたくて怖《こわ》いお仕組みでありますのぞ。まことにありがたいありがたいくわばらくわばら。他《た》の心を学ぶことが、靈《れい》、人、共に与《あた》えられておる御魂《みたま》の学びゆえに、愛《いっく》しむ学び始めからやり直さねばならん方々は、再《ふたた》び己《おのれ》に見合うだけの学び出来る所まで降《お》ろされるのじゃぞ。一段《いちだん》ずつまた階段《かいだん》を登りなされよ。

魔の世はすでに終わりて、真《まこと》の世へと移《うつ》り変わりておるのじゃから、靈界《れいかい》も現界《げんかい》も価値観《かちかん》がひっくり返るのでありますぞ。始まってない三千世界《さんぜんせかい》の大立て替《か》えであるから時間はかかるのじゃ。新たな世とはまだかまだかと仕上げ急《せ》かすでないぞ。急《せ》かすは己の改心、出来ておらぬ証拠《しょうこ》じゃ。掃除洗濯《そうじせんたく》いたし改心出来た方々は、既《すで》に天晴《あっぱ》れうれしたのし喜びに生きておりますぞ。そなたが喜び生きられぬのは、他のせいではないのぞ。己の心、我良《われよ》し慢心《まんしん》に曇《くも》りておるからじゃ。未熟《みじゅく》さゆえ他を悪く申して、己の至《いた》らなさ隠《かく》し責任逃《せきにんのが》れしておるからでありますぞ。真《まこと》の世は、嘘《うそ》は通らん見透《みとお》しの世でありますのぞ。心の中はすべて透《す》けて見られておりますのぞ。

靈とて同じ。肉体持たぬだけで人と何ら変わらん。ゆえに人様に対し偉《えら》そうなこと申すでないぞ。靈も人も皆々、改心せねば新たな地球には見合わんのであるから、御《み》魂相応《たまそうおう》に生まれ変わりますのじゃ。分からん者は分からんなりに、分かる者は分かる者なりに、住み分けなされますのじゃ。すべては己《おのれ》が決めることでありますから、誰《だれ》彼《かれ》のせいにはなりませんぞ。己の姿《すがた》を見させて頂ける世となりますのじゃ。
うれしたのしこわしかなし世の顕《あらわ》れとなった。かわるかわるかわるかわる、かーわーるーーー。

二〇一七年九月十二日　大日月地大神御靈《おおひつくおおかみおんたま》
むーうーるーうーおーおーおーやーらーわーーー

五十九

真見極《まことみきわ》められぬ者、真見極《まことみきわ》められる者になるぞ。皆々《みなみな》変わる。移《うつ》り変わるのでありますぞ。魔《ま》の僕《しもべ》らは、悪魔《あくま》によって決められた通りに動く操《あやつ》り人形のようであるから、己《おのれ》は悪《あく》とは思わぬのぞ。俯瞰《ふかん》し己で善悪判断《ぜんあくはんだん》して動かぬゆえ、改心なかなかでありますのぞ。魔の僕《しもべ》らの洗脳解《せんのうと》かねば世は変わらぬゆえ、真《まこと》分かる者らで説かねばならんのぞ。ゆえにまずは、真《まこと》分かる者増《ふ》えねばならんのじゃ。そして、真《まこと》申せる者増えねばならんぞ。真《まこと》の教えが広がらねば、真見極《まことみきわ》められる者増えんのでありますのぞ。この神示《しんじ》、真《まこと》の教えでありますぞ。安心なされ。人集めいたして金儲《かねもう》けする教団教義《きょうだんきょうぎ》にはならんぞ。真《まこと》、世の立て替《か》え立て直しする者たち読む書であるから、道楽者や頭でっかち読む書ではないぞ。この神示読まねば、いつまでたっても真《まこと》は分からんぞ。祓《はら》い浄《きよ》めされんから魔の洗脳解《と》けんのでありますのじゃ。良いか。世に出ておる表《おもて》向きの教えでは、人集めいたすための薄《うす》っぺらい愛の教えであるから、魔を改心させられんのじゃぞ。これまでは長いこと魔の世であったのであるから、魔の僕《しもべ》らを腹《はら》から改心させれねば、世の立て替え立て直しは出来んのでありますのじゃ。まだまだ神の遣《つか》いに成りすまして、雨、風、雷《かみなり》、地震《じしん》、病《やまい》引き起こし、笑いながら人殺《ひとごろ》しいたして、悪魔の僕《しもべ》らは善人《ぜんにん》気取りでおるが、良いか、人殺しいたして天国にはゆかぬから、悪《あく》科学信者らよ覚悟《かくご》いたせよ。一人一人見て帳面に付けておりますぞ。人殺しの手伝いいたせば同じ因果《いんが》となるから、早《はよ》う目醒《さ》まし下されよ。めったにないことではあるが、御魂《みたま》に印《しるし》付けさせて、家畜《かちく》として生まれ変わらせて、いつ殺されるか分からぬ苦しみの中で転生《てんせい》させ続け、他《た》の苦しみ腹から学ばす仕組みであるから、悪因縁相応《あくいんねんそうおう》に類《るい》のない罰《ばつ》与《あた》えられるから、皆々覚悟いたせよ。

この神示《しんじ》、新たな世の聖書《せいしょ》となるのぞ。それだけのこと書かせておるのじゃ。分かる者は分かるのでありますぞ。涙《なみだ》する者と腹立てる者と御魂《みたま》相応に分かれますのじゃ。腹立てる悪魔の僕《しもべ》ら、皆々に読み聞かせて下されよ。そなたの心の中にも隠《かく》れておいでじゃ。靈《れい》も人も、魔の僕《しもべ》だらけでありますぞ。神示読むお役目いたすお人、うれしたのし出来るお人でありますぞ。苦しみとして顕《あらわ》れ苦しみに引《ひ》っ張《ぱ》られるは、それだけの因縁あるからぞ。神示悪く申すは、己《おのれ》の過去《かこ》の因縁呪《のろ》うことと同じでありますのじゃ。ゴロゴロメグリ積もりて悪《あく》因縁の雪だるまとなるでないぞ。神示は、いかようにでも受け取れる教えであるから、喜びにも怒《いか》りにも哀《かな》しみにも変わるのでありますぞ。地《ち》の靈団靈人《れいだんれいじん》、皆々様方に読み聞かせて、腹からの改心させる教えであるから、皆々様方、改心出来るまでは神示読みて、祓《はら》い浄《きよ》め導《みちび》かねばならんのでありますぞ。人が靈人らに読み聞かせいたすのじゃ。腹立てるお偉《えら》いさん方多ければ多いほど、人様祟《たた》られますぞ。祟《たた》るとは靈人らによる陰湿《いんしつ》な苛《いじ》めでありますぞ。地域《ちいき》によりて因縁深い所の靈団靈人らは、人様をさげすんでおるから腹立ててもがき苦しむ因果となるから、読むお役目いたすお人、己の器《うつわ》も試《ため》されるのでありますぞ。真《まこと》、世のため人のためか、ご利益《りやく》求めてか、損得勘定《そんとくかんじょう》ではないか、見せ掛《か》けでは出来ぬお役目でありますぞ。

世の立て替え立て直しとは、己《おのれ》の心の立て替え立て直しがまず始めとなりますのじゃ。この道理分かりたか。見せ掛けや愚痴《ぐち》ばかり申す者では、真《まこと》のお役目は出来んのでありますぞ。うれしたのしありがたいと喜び勇むが真《まこと》のお姿《すがた》じゃ。分かりやすく申しておるのぞ。そなた可愛《かわい》さであるぞ。よくよくそなたを観《み》ておりますぞ。そなたの生《い》き様《ざま》、心のありよう、ちゃんと診《み》ておりますのぞ。では、なぜこんなにも苦しまねばならんのかと疑念《ぎねん》に怒《いか》り顕《あらわ》れるなれど、それほど世が腐敗《ふはい》していたゆえでありますのぞ。積もり積もりた過去因縁からの怒《いか》りを真《まこと》の愛で祓《はら》い浄《きよ》めて、一人一人導《みちび》かねばならんのでありますのじゃ。真《まこと》の愛の器《うつわ》の大きさ次第に、苦しみ頂《いただ》けるお役目じゃ。己の器《うつわ》大きくして頂く喜びに意識《いしき》向けられねば、愚痴《ぐち》ばかり申す者と成り下がりますのじゃぞ。すべては己の心のままに顕れてくると申しておりますぞ。天に唾《つば》じゃ。嫌《いや》なら読まんで良いぞ、手放《てばな》して良いのでありますぞ。

神示《しんじ》は読みたい者が読めば良いのじゃ。まこと縁《えん》あるお人が皆々様方に読み聞かせるお役目でありますのぞ。神示降《お》ろすお役目、神示出すお役目、神示広めるお役目、皆々それぞれ働き違《ちが》えど、同じ靈団《れいだん》の顕《あらわ》れでありますのじゃ。お役目いたすは命懸《いのちが》けの覚悟求められますのじゃぞ。出来ぬ者は出来んで良いぞ。代わりは他《ほか》におる。すべては己が決めることでありますのじゃ。己、己を見させて頂くのじゃぞ。

うれしうれしたのしたのしかわるかわる。あーわーやーらーわー。むーうーるーうーおー。

感謝《かんしゃ》とは、苦しみ学んだ者が得られる美しき心のありよう。

わっはっはっはっ、わっはっはっはっ、わっはっはっはっ。

腹から笑える者になりなされ。報《むく》われる時、必ず来るのぞ。

二〇一七年九月十二日　大日月地大神御靈《おおひつくおおかみおんたま》　顕《あらわ》る。

六十

国と国、星と星、銀河《ぎんが》と銀河、すべてに不調和あるのぞ。地球にある問題は宇宙《うちゅう》に見られる問題の雛型《ひながた》であるのじゃ。善《ぜん》と悪《あく》の戦《いくさ》ぞ。奪《うば》い合い騙《だま》し合い殺し合いあるのじゃ。

世の元《もと》の元の元からの仕組みとは、この地《ち》に、他《た》の星の方々来る前から仕組みておりた計画のこと申すのぞ。宇宙の人々すべての因縁解消《いんねんかいしょう》させる雛型創《ひながたづく》りさせるために、地球に来《こ》させて、それぞれに文明築《きず》かせてきたのであるのぞ。ゆえに誰《だれ》も分からん仕組みでありましたのぞ。宇宙にも季節ありて、それぞれ春夏秋冬《はるなつあきふゆ》と御魂相応《みたまそうおう》に棲《す》み分けいたして、生命《いのち》の調和を図《はか》りて参ったのであるが、新たなる銀河、星、人々が生み出される度《たび》に、歪《ゆが》みも大きくなって参りましたのじゃ。どうすれば良いかと神々は考えて、あらゆる銀河、星の人々一つに集めて、宇宙の雛型《ひながた》となる星創《つく》りて、調和図《はか》るための実験場《じっけんじょう》といたしたのじゃ。皆々《みなみな》揉《も》めるのは初めから無理ないなれど、どこの星の人とどこの星の人とが相性《あいしょう》が合うか合わぬか、今までずっと占《うらな》って参ったのじゃ。生きておる人々も亡《な》くなっておる人々も皆々、あらゆる銀河の御魂《みたま》掻《か》き集めて、生まれ変わり死に変わりさせて、人種、性別、環境《かんきょう》、寿命《じゅみょう》、それぞれの関係性を変えながら、練《ね》りに練って仲良くさせる術《すべ》をそれぞれの御魂《みたま》に記憶《きおく》させても来たのじゃ。なかなか大層《たいそう》手間かかる作業でありたなれど、御魂《みたま》それぞれに成長させて、あらゆる銀河、星、国の人々と仲良く出来るように、守護靈《しゅごれい》、指導靈《しどうれい》を付けさせて、一人一人導《みちび》いても来たのじゃ。それゆえに良くも悪くもみな学ばせて、まこと喜び生きられる存在《そんざい》となるよう、大切に育てて参ったのでありますぞ。

気の遠くなるような歴史のお話ゆえに、人民も靈人《れいじん》らも信じられんであろうなれど、これが真実でありますぞ。長い長い魂《たましい》の歴史がありて、現在《げんざい》があるということお分かり下されよ。人は教えられた分しか記憶《きおく》出来ぬから分からんのも無理ないなれど、悪《あく》の星の人々入《はい》り込《こ》んで、地球の人々に悪さいたして脳《のう》も作り変えられてしまったなれど、立派《りっぱ》な御魂《みたま》に成長いたして、いよいよの時が来たなら身体《からだ》元の姿《すがた》に戻《もど》して、寿《じゅ》命《みょう》も伸《の》ばし頭脳《ずのう》も良くいたして、高度な文明与《あた》えて、それぞれの銀河、星にゆけるようにいたす計画でありますから安心なされよ。どうじゃ、これで神々の世の元の元の元の計画、分かりたたか。真《まこと》、ここより出んと申して来たのは、そのこと皆《みな》に伝えることで、真《まこと》はっきりいたすゆえでもありましたのぞ。

善《ぜん》の者らも悪《あく》の者らも、皆々神人《かみひと》に靈憑《れいがか》りさせて練りに練って参った理由は、すべて記憶として刻《きざ》まれ、それらを元にこれからの仕組みいたしてあるからでありますぞ。人民まだ考えが幼《おさな》いゆえに、他《た》の星の人々のことも、異次元《いじげん》なる世界も分からんなれど、これからの世では皆々学ばすから先を楽しみになされよ。

神人《かみひと》、伝えるお役目。指導者《しどうしゃ》として何度も生まれ変わり死に変わりいたして、人民導《みちび》くため靈団《れいだん》遣《つか》って来ておる御魂《みたま》じゃ。今生《こんじょう》だけではないのぞ。まこと縁《えん》ある、分かる御魂《みたま》は、自《おの》ずと分かるようにいたしてもおるぞ。唯一《ゆいいつ》大神の靈団と取り次ぎ出来る御魂《みたま》でありますぞ。過去《かこ》の生より地《ち》の靈団靈人らにも、物申すお役目してきた王の御《み》魂《たま》でありますのじゃ。守護いたすため誰《だれ》にも分からんように、産《う》まれる前から御魂《みたま》からも過去生《かこせい》の記憶をすべて消して、今生《こんじょう》は庶民《しょみん》として育ち、今の地球を見聞《みき》きさせて、常《つね》に現状報告《げんじょうほうこく》されるように身魂《みたま》にも仕組みいたし、大日月地靈団《おおひつくれいだん》守護し続けて参りましたのぞ。時来たゆえに、神人《かみひと》にも記憶を戻《もど》して、世の計画を指導いたし、この度《たび》のお役目をしてもらっておりますのじゃ。誰《だれ》も見透《みとお》し出来ぬ秘密《ひみつ》の仕組みでありましたのぞ。それが、神一厘《かみいちりん》の仕組みの一つでありましたぞ。

うれしうれしたのしたのしじゃなぁ。

皆々それぞれのお役目なされて下されよ。信じる者、導かれるぞ。己《おのれ》が選ぶのでありますのぞ。真《まこと》、見極《みきわ》めて歩める御魂《みたま》となりて下されよ。うーるーうーおーー。

二〇一七年九月十三日　大日月地大神御靈《おおひつくおおかみおんたま》　わーらーわーおーー。

六十一

石もの言う時、来ましたぞ。過去《かこ》の人たちからの言葉、皆《みな》ありがたく頂《いただ》きなされよ。靈性《れいせい》高き方々多く生きておりました古《いにしえ》でありましたぞ。人は猿《さる》から勝手に進化したのではないのぞ。皆々他《みなみなた》の星の人々の子孫《こまご》でありますのじゃ。あらゆる星の人々の寄《よ》せ集めばかりじゃ。宇宙《うちゅう》の雛型《ひながた》じゃぞ。銀河《ぎんが》の縮図《しゅくず》でありますのぞ。ゆえに、白黒赤黄青混《ま》ぜこぜとなりましたぞ。大きいも小さいも、良いも悪いも、皆一つの星に集めて、みな相応《そうおう》に学ばせて、御魂《みたま》の進化を促《うなが》して来ましたのじゃ。分からんのも争《あらそ》うのも、元々《もともと》が異《こと》なるゆえ仕方ないことであるなれど、他《た》と和さねば真《まこと》の喜びは得られん道理でありますのじゃ。

愛、生《う》ぞ。あ、い、う、でありますぞ。分からん者は、分かる者に伺《うかが》えよ。

心の中に、多重次元《たじゅうじげん》の世界が在《あ》りますぞ。靈体《れいたい》の中に、更《さら》なる靈体が在り、また更なる意識体《いしきたい》が幾重《いくえ》にも在りますぞ。生きとし生けるものすべてが、靈体であり意識体であり、すべてはそれぞれの氣《き》で繫《つな》がりておりますのじゃ。靈と靈、意識と意識で、◯となり、◎となり、・となりますのじゃ。また更にゝ⃝となり、ゝ⃝⃝となり、ゝとなりますのじゃ。どこまでも繫がり広がり続ける仕組みぞ。ゆえに、そなたは虫にも鳥にも山にも海にも星にもなれるのでありますぞ。肉体は借《か》り物ぞ。地《ち》の分身ぞ。神の分《わけ》御靈《みたま》の顕《あらわ》れぞ。ゆえに人はみな神の中に存在《そんざい》しておりますのじゃ。神と靈と人の違《ちが》い分かりなされよ。皆々神の中に生かされておるのぞ。生命《いのち》司《つかさど》る一切《いっさい》の仕組みぞ。靈《れい》団靈人《だんれいじん》らも分かりなされよ。神同様に成りすまして、いつまでもあぐらかくでないぞ。

ムの大神がウの大神となり、ウの大神が十二の多重次元世界の大神となり、更に八の宇宙の大神となられましたのぞ。それぞれの宇宙の大神は銀河の大神を産《う》み出し、銀河の大神は星の大神を産み出し、星の大神は八百万《やおよろず》の神々を産み出したのぞ。皆々すべてが、ウの大神の中に産み出されましたのじゃ。ムの大神は、ウの大神でもありますぞ。ゆえにすべてムの大神の心の顕《あらわ》れでありますのじゃ。この道理、分かりたか。ゆえに初まりも終わりもなく変化あるのみぞ。無限《むげん》変化、無限進化、無限の渦《うず》でありますのじゃ。

真《まこと》、教わらぬゆえに、人は無知な生き物でありますぞ。どんどん学びて変わる生き物でありますのじゃぞ。真《まこと》、学びなされよ。神の中で生まれ死に、そしてまた生まれ死に、分相応《ぶんそうおう》の経験《けいけん》と共に進化してゆきますのじゃ。良いも悪いもすべて経験《けいけん》から学び、御魂《みたま》に刻《きざ》まれてゆきますぞ。理《ことわり》ぞ。真《まこと》でありますぞ。春夏秋冬《はるなつあきふゆ》、喜怒哀楽《きどあいらく》、無限変化ぞ。皆々自《おの》ずと大神の大愛《たいあい》に向かってゆきますのじゃ。弥栄弥栄《やさかいやさか》。大きな視点《してん》から己《おのれ》の生を見よ。世界の動きを見よ。長い目で命を見つめよ。今生《こんじょう》は点ぞ。過去も未来も線でありますぞ。靈は線の中に存在しておりますぞ。真理に生きて下され。無限の命に生きて下されよ。

愛するもの増《ふ》えれば、真《まこと》の喜びでありますぞ。ゆえに、ひとつでも多く愛するもの心に生むのぞ。人の真《まこと》の生き方でありますぞ。

二〇一七年十月十八日　大日月地大神御靈《おおひつくおおかみおんたま》

六十二

神示《しんじ》、いくらでも出ますぞ。その時代相応《そうおう》の学びしなされよ。古きを訪《たず》ね学ぶも良いが、その季節にしか食べられんもの頂《いただ》きなされ。旬《しゅん》のもの頂くゆえ、◯九十《まこと》、美味《おい》しいのでありますぞ。今必要な言葉が身に染《し》みてくるのじゃから、素直《すなお》に頂き喜びにして下されよ。健仁《たけひと》は霊団《れいだん》の繫《つな》ぎ役いたし、言葉紡《つむ》ぎ伝えておるのじゃが、神から靈《れい》、靈から人への流れ、思考の仕組みが分からん者多いなれど、健仁《たけひと》は嘘《うそ》つきじゃ、魔《ま》の成りすましじゃと申すお偉《えら》いさまもおるようじゃが、己《おのれ》が真《まこと》見極《みきわ》めできぬ偽物《にせもの》じゃと、皆《みな》に申しておるに等しいのでありますぞ。いずれ恥《は》ずかしくなりて顔も出せんことになるから、早《はよ》う心顧《かえり》みなされよ。

あの世この世の仕組み、神示の仕組み、分からんのも無理ないなれど、御魂《みたま》の掃除《そうじ》洗濯《せんたく》できておるなれば、染《し》み渡《わた》る喜びとして、神示の言葉は心に映《うつ》し出されるものでもありますから、皆々分相応《みなみなぶんそうおう》の顕《あらわ》れ、出て参りますぞ。分からんのは、己が学び改心足らんゆえであるから、他《た》、悪く申すでないぞ。早《はよ》う顧《かえり》みなされよ。魔の者らに操《あやつ》られておるお人、神示の言葉は読めんのでありますのじゃ。己が執着《しゅうちゃく》いたす古き教えばかり正当化いたすゆえ、新たな教えが腹立《はらだ》たしくなりて、氣狂《きくる》うごとく叫《さけ》びたくもなりますのじゃぞ。思い込《こ》み取り違《ちが》い、己の中にこびりついておりますぞ。ゆえに素直に神示お読みなされ。言挙《ことあ》げしてお読みなされと、これまでくどう申して来ましたのじゃ。まだまだ魔の者らが、人に成りすまし取り憑《つ》いて、悪事《あくじ》重ねておるから、地《ち》の靈界《れいかい》も現界《げんかい》もすべて掃除洗濯して、祓《はら》い清めの言挙《ことあ》げせねばならんのじゃ。ありがたいありがたいと思いながら読めば、神示から靈団の氣《き》流れて、心身元氣《げんき》になりますぞ。

これればかりは、己が読んで経験《けいけん》せねば分からんことぞ。何十何百といくらでもお読み下されよ。読むだけお蔭《かげ》得られますぞ。神示読んで、まこと浄《きよ》められれば良き氣《き》が泉《いずみ》のごとく廻《まわ》り来て、靈人《れいじん》らも周りの人々の病《やまい》も癒《いや》され、元氣《げんき》になりますのじゃ。心身の病《やまい》、氣《き》が元《もと》でありますぞ。悪《あ》しき氣《き》、祓《はら》い清めなされよ。日《ひ》から、水から、土から、マコト良き氣《き》頂きなされよ。神示の言葉から喜び頂きなされよ。言挙《ことあ》げなさりてお浄《きよ》め下され。喜び、よく噛《か》んで味わって、うれしうれしたのしたのしありがたいありがたいと頂きなされ。皆々喜びに満《み》たされて参りますぞ。

二〇一七年十月十九日　大日月地大神御靈《おおひつくおおかみおんたま》

六十三

艮金神《うしとらのこんじん》は艮大神《うしとらのおおかみ》となりて、日月地大神《ひっくおおかみ》と成りなりて、大日月地大神《おおひっくおおかみ》に変わられましたのぞ。宇宙《うちゅう》、銀河《ぎんが》の大神の中に在《あ》りますのじゃ。靈人《れいじん》も人民も、偶像《ぐうぞう》を拝《おが》むでないぞ。神殿《しんでん》や祭壇《さいだん》も要《い》らんのでありますぞ。おのおのの心の中に設けなされよ。真《まこと》分かりておらんと、心の中に神映《かみうつ》し出来んのぞ。建物、祭壇、偶像に金《かね》かけるでないぞ。恥《は》ずかしきことでありますぞ。真《まこと》、歪《ゆが》めるだけでありますのじゃ。飲めん食えんお人、世にたくさんおるのに、小さい我《われ》で大事な金《かね》を棄《す》てておりますぞ。命救う金の生かし方、尊《とうと》いのぞ。生き金《がね》と死に金《がね》、ありますぞ。見せ掛《か》けは、見せ掛けだけじゃ。綺麗《きれい》な着物を着させても、心醜《みにく》ければ美し輝《かがや》きは出ん道理でありますのぞ。

人は金《かね》の使い方で、心のありようがよく分かりますぞ。我良《われよ》しばかりの善《ぜん》の仮面被《かめんかぶ》りた成りすまし多いのう。苦しんでおられる方々、世界中におるのに知らん振《ふ》りいたすお人、何拝んでおるのじゃ。我良しの神さま仏《ほとけ》さま〇〇さま拝んでも、いつまでたっても救われん道理、まだ分からんか。皆が喜び暮《く》らせる世、皆で創《つく》るが真《まこと》の生き方でありますぞ。我の喜びばかりむさぼり拝むは、邪《じゃ》の道でありますぞ。魔《ま》の僕《しもべ》の下《げ》の下《げ》の生き方ぞ。マコト羞《はずか》しき生き方であること、人民心せねばならんぞ。家族や仲間は救うが、それ以外は苦しんで助け呼《よ》んでいようが、死んでおろうが、見て見ぬ振りするようなお人は、邪心《じゃしん》に取り憑《つ》かれておりますのぞ。そなたの心にも住み着いておらんかのう。

我良しとは、我さえ良ければ、他《た》は苦しんでおろうがどうでも良いとする悪《あ》しき心じゃ。魔の僕《しもべ》と成り下がった人のお姿《すがた》じゃ。ゆえに善の仮面被《かぶ》った悪《あく》の世であると申しておるのぞ。神《かみ》、仏《ほとけ》拝んでおるから、〇〇さま拝んでおるから、日々《ひび》祝詞《のりと》や経唱《きょうとな》えておるから、己《おのれ》は善であると思うでないぞ。何を拝んでおるのか、何を願っておるか。

どんな生き方しておるか。皆々問われますのぞ。己の損得《そんとく》ばかり叶《かな》えて下さる神《かみ》、仏《ほとけ》とは、ちっぽけな己だけの神《かみ》、仏《ほとけ》ぞ。神《かみ》、仏《ほとけ》という仮面を被《かぶ》りた邪霊《じゃれい》の類《たぐ》い拝んでおりますのぞ。人民、何拝んでおるのか顧《かえり》みなされ。社《やしろ》も像《ぞう》も札《ふだ》も要《い》らんぞ。真《まこと》を拝みなされよ。真《まこと》拝めん者、邪霊《じゃれい》拝んでおりますぞ。これが、真《まこと》の教えぞ。

二〇一七年十月十九日　大日月地大神御靈《おおひつくおおかみおんたま》

六十四

時の扉《とびら》開き自在《じざい》に行《ゆ》き来《き》するお人おるのぞ。他《た》の宇宙《うちゅう》、銀河《ぎんが》のお人であり、未来のお人でもありますぞ。時間は有《あ》るが無いのであるのぞ。異次元《いじげん》世界と申せ、過去《かこ》の靈《れい》人《じん》ばかりと思い込《こ》んでおりては、ちんぷんかんぷん取り違《ちが》いとなるから、正しく理解《りかい》せねばならんぞ。未来の自分、話しかけてくることありますぞ。遠い過去の自分の思いの影響《えいきょう》を受けることありますぞ。過去現在未来は、一線上であり可能性と歪《ゆが》みと因《いん》果《が》の仕組みじゃ。望むこと顕《あらわ》れるのは、因果ぞ。望まぬこと顕れるのも、因果ぞ。それぞれの因果の種類ありますぞ。いずれも強い要因《よういん》が顕在化《けんざいか》するのであるから、何をどれほど望むのかが未来を決めるのぞ。人民、どんな未来を望むのぞ。真《まこと》学びて真《まこと》喜びとなる真《まこと》の世界を望むお人増《ふ》えれば、真《まこと》の神世《かみよ》、未来に顕れてきますぞ。ゆえに霊人に、人民に、神示《しんじ》与《あた》えてきたのぞ。読めば読むほど、過去の洗脳祓《せんのうはら》われて、真《まこと》分かるようになりますぞ。真《まこと》の未来望む方増えますぞ。真《まこと》良き世創《つく》るための手引き書でありますのじゃ。

あらゆる銀河の方々、関わりておりますぞ。地《ち》の真《まこと》の指導霊団《しどうれいだん》、関わりておりますぞ。真世創《まことよつく》るため、真人《まことびと》、生まれ変わりておりますのぞ。皆々繋《みなみなつな》がりて共に助けおうて、立て替《か》え立て直しいたして参るのでありますのじゃ。死んで悔《く》やまぬ生き方とは、真世創《まことよつく》るため、皆の喜びのため、命懸《いのちが》けで生きるお人となることでありますぞ。皆《みな》の喜びとは、人のためであり、獣《けもの》のためであり、草木、虫たちのためでありますぞ。地のため、山、川、海、自然のため、神々のためでありますのぞ。霊団霊人《れいだんれいじん》のため人民共に生きるでも良いのぞ。皆のために生きることが真人《まことびと》でありますぞ。気持ち大きく広げなされよ。大きくなればなるだけ、喜びは多くなりますぞ。己《おのれ》が皆となりますのじゃ。皆が己となりますのじゃ。

神靈人《かみひと》とはかみひとの真《まこと》の意味でありますのじゃ。
死んで終わりでないぞ。真《まこと》、学びて下されよ。うれしたのし生きる道、始まりぞ。
真《まこと》の教えぞ。

二〇一七年十月十九日　大日月地大神御靈《おおひつくおおかみおんたま》

六十五

他《た》の星から地《ち》の人々操《あやつ》りていた者おるのぞ。地の底から地の人々操りていた者もおるのぞ。地の空から地の人々見守りてきた人々おるぞ。月の蔭《かげ》から地の人々覗《のぞ》いていた者もおるのぞ。地の人に成りすまし良きも悪《あ》しきもいたしてきた人々おりますのぞ。

地の人々は、何も知らん赤子《あかご》でありますぞ。真《まこと》、一つ一つ学び成長せねばならん時訪《おとず》れましたゆえ、次々に変わりますのぞ。川の流れ早くなるごとく、隠《かく》されておりた秘《ひ》めごと表《おもて》に顕《あらわ》れて、びっくり仰天《ぎょうてん》おとぎ話の翁《おきな》となりますぞ。真《まこと》知り理解《りかい》深め、新たなる時代に生きて下されよ。ひと昔ふた昔前の妄想《もうそう》の世界に囚《とら》われて下さるなよ。人民に隠してきたマコトが湧《わ》き水のごとく次々と世に流れ出て、真溢《まことあふ》れる◯◎ゝ湖となりますぞ。真実と虚構《きょこう》とが混《ま》ぜこぜとなりて、人民、訳《わけ》が分からんようになりたら、いよいよぞ。

神示《しんじ》読んできたお人、ますます笑える世になりますぞ。神示で先に教えておるゆえに、世の顕《あらわ》れは一つ一つ確認《かくにん》するようなものであるのぞ。ゆえに読んでしっかり腹《はら》に入れなされと申してもおるのぞ。肝座《きもすわ》りて見極《みきわ》められるようになれるのであるから、読んで損《そん》すること何もないのぞ。読まんで損することばかりじゃな。いずれは世界中で読まれる書となるから、縁《えん》ある人々、先に読んで皆に教えられるようになりておいて下されよ。いつか皆を導《みちび》くお人になりて下されよ。祓《はら》い清めの書ぞ。真《まこと》を悟《さと》る書ぞ。覚醒促《かくせいうなが》す書でありますぞ。

うれしうれしたのしたのしかわるかわる。

あなさやけあなすがすがしよあけ。

うーるーうーるーうー。

おーろーおーろーおー。

むーうーるーうーおーーー。

二〇一七年十月十九日　大日月地大神御靈《おおひつくおおかみおんたま》

六十六

宗教界《しゅうきょうかい》が変わるのぞ。元《もと》の教えと異《こと》なるゆえ、元の真《まこと》の教えに戻《もど》すのぞ。取って付けたような可笑《おか》しな教えは、その内みな無くなりますぞ。偽《いつわ》りの教えは、消えゆく因果《いんが》でありますのじゃ。世は真《まこと》の教えで、立て替《か》え立て直しいたして参りますのじゃ。出所《でどころ》の分からんいかさまの教えは、気づいたお人から怖《おそ》れずに早《はよ》う捨《す》てなされよ。

そなたは何者に捧《ささ》げ物いたしておるのじゃ。そなたは何神《なにがみ》さまに貢《みつ》ぎ物いたしておりますのじゃ。良いか、真《まこと》の神々様も善《ぜん》なる靈団靈人様方《れいだんれいじん》も、金《かね》や物、まして人や獣《けもの》らの命など、ひとつも要求はせんのでありますぞ。交換条件《こうかんじょうけん》なくとも、誰彼《だれかれ》に分からんでも、人々の真《まこと》喜びのためお働きなさるが真善《まことぜん》なるものでありますのぞ。ご利益《りやく》の交換条件として、人民に何かを要求するのは、悪魔《あくま》であり魔《ま》の僕《しもべ》となりた靈団靈人らの、靈性《れいせい》低き御魂《みたま》の類《たぐ》いでありますのぞ。真《まこと》の教え伝える靈団靈人は、大切な人民らに対し、地《ち》に頭つけひれ伏《ふ》せとは申さんのぞ。儀式儀礼《ぎしきぎれい》重んじて善悪上下格付《ぜんあくじょうげかくづ》けし、教義《きょうぎ》に縛《しば》り付けたりはせんのでありますぞ。世に出ておる世界中の宗教教団《しゅうきょうきょうだん》、人民洗脳《せんのう》いたし縛《しば》りて僕《しもべ》とし、金儲《かねもう》け物儲け人儲けの数々。祭壇《さいだん》、偶像拝《ぐうぞうおが》ませ、悪魔の儀式の真似事《まねごと》いたしておりますが、早《はよ》うお止《や》め下されよ。元の教祖《きょうそ》らが嘆《なげ》いておりますぞ。決められた物を、決められた時、決められたように人民拝《おが》まねばならんと申す教えは、皆々邪靈邪教《みなみなじゃれいじゃきょう》の真似事《まねごと》でありますのぞ。

人民よ、目、醒《さ》まし下されよ。どこもかしこも、国をあげて人民洗脳いたし、統括《とうかつ》企《くわだ》てて参りましたのぞ。善《ぜん》の仮面《かめん》を被《かぶ》りた悪《あく》の教えが、人民を苦しめ続けてきましたのじゃ。これ、真《まこと》の教えぞ。

ゆえに表《おもて》に出させまいと、これまで魔《ま》の僕《しもべ》となりた靈団靈人らは、暴《あば》かれまいとして死に物狂《ぐる》いで、神人潰《かみひとつぶ》しに来ておりましたのじゃ。十年耐《た》えに耐えて来ましたのぞ。

妻君《つまぎみ》も良く尽くし耐えてきて下さったぞ。あっぱれあっぱれじゃなぁ。お力添《ちからぞ》え下さった靈団靈人《れいだんれいじん》、縁《えん》ある人民みなみな、あっぱれあっぱれじゃなぁ。お蔭様《かげさま》で靈界《れいかい》も明るくなって参りましたぞ。

神示《しんじ》、読み聞かすお役、ご苦労でありますぞ。これからますます明るくなりて、人の世も喜びに照らされて参りますぞ。

あーわーやーらーわー。

うーるーうーるーうー。

おーろーおーろーおー。

むーうーるーうーおーーー。

二〇一七年十月十九日　大日月地大神御靈《おおひつくおおかみおんたま》

六十七

皆々因縁相応《みなみないんねんそうおう》に顕《あらわ》れておるのじゃぞ。誰彼《だれかれ》が悪いと申しておるが、相手は己《おのれ》の鏡《かがみ》となりてもおるのじゃ。

色に狂《くる》わされ堕《お》ちてゆかれる方、多いぞ。何でもかんでも意のまま欲望《よくぼう》の赴《おもむ》くままで良いと申すは、魔《ま》の教えぞ。悪魔《あくま》の甘《あま》い囁《ささや》きじゃぞ。魔の者の声に操《あやつ》られるでないぞ。己に都合良くこじつけ、好き勝手いたし、不和広げ仲違《なかたが》いさせること喜ぶ者ぞ。誰《だれ》もが弱きところ突《つ》っつかれ続ければ、苦しみますぞ。魔は、苦しみを見つけ出入口にして、人の心覗《のぞ》き込《こ》んではあら探《さが》しいたし、面白《おもしろ》がってあれやこれやといじりますのじゃ。一を五にも十《じゅう》にも誇張《こちょう》し変えて、人民を苦しませますぞ。負《ふ》の念《ねん》送り続け、繰《く》り返し繰り返し、過去《かこ》の記憶《きおく》をあぶり出し見聞《みき》きさせ、人民苦しませ喜ぶのじゃ。魔は、嫌《いや》らしくも腹立《はらだ》たしくも恥《は》ずかしくも顕《あらわ》れ、人を弄《もてあそ》ぶものぞ。ゆえに魅入《みい》られるでないぞ。魔の甘《あま》い囁《ささや》きに惚《ほ》れるでないぞ。善《ぜん》の仮面被《かめんかぶ》りた悪《あく》となりて、己《おのれ》に都合良きこと申しては、他《た》を苦しませる自己中心的な人となりますぞ。魔の僕《しもべ》と化すのでありますのぞ。

人民、魔の者あまり知らんから、こうして申し聞かすのでありますぞ。苦しみは見《み》聞《き》きさせられていること多いから、魔に言って聞かせねばならん。苦《く》を誇張《こちょう》するな。嘘《うそ》を申すな。我《われ》の苦《く》と共に立ち去れと、己の心に向けて声出して言いなされよ。魔は人に気づかれること、一番嫌《きら》うのぞ。人に気づかれぬように悪さいたすが、魔の者らの喜びであるぞ。神示《しんじ》、読み聞かせなされ。この神示は、人民声出して靈人《れいじん》らに聞かせるものでもありますぞ。真《まこと》の教えを読み聞かせ、真《まこと》を理解《りかい》させ、靈界《れいかい》そのものを改《かい》善《ぜん》させるための書でありますぞ。地《ち》の靈界が真《まこと》の世とならねば、人の世は良くはならんのじゃ。

靈主体従《れいしゅたいじゅう》とは、靈界と人間界とが表裏《ひょうり》一体であり、靈界が変われば人間界も変わるということ申しておりますのぞ。靈界とは思考の世界ぞ。人間界とは顕在化《けんざいか》される世界でありますのじゃ。靈界と人間界との間に、言葉ありますぞ。音靈《おとたま》でありますぞ。響《ひび》きの中に思考と感情《かんじょう》すべてが込められておりますのじゃ。顕在化させる素《もと》でありますのじゃぞ。ゆえに、神示、読みなされよ。日毎夜毎《ひごとよごと》、読んでみなされ。真《まこと》の世創《つく》るため、言靈《ことたま》として、あの世とこの世に転写しなされ。靈、人、共に読み聞かせなされ。それぞれの心変わりて、因縁解消《いんねんかいしょう》させて良きようになるから、心込めて声出して読みなされよ。そんなことで世が変わるのか、と笑う者おるであろうが嘘は申さんぞ。まずは読む者が変わりて、読む者の縁者《えんじゃ》も変わりて、言靈《ことたま》響く場も変わりて、関わっておる靈人らが次々に変わりゆきて、不和解消いたし病《やまい》も治《なお》りて、良き氣《き》が渦巻《うずま》いて世に広がりますのじゃ。地域《ちいき》も国も変わりますのじゃ。騙《だま》されたと思うて、本気で読んで見なされよ。素直《すなお》に改心なさりて綺麗《きれい》さっぱりとなりて、うれしうれしたのしたのしあっぱれ変わりますぞ。

ウの大神から流れくる真《まこと》の氣《き》を、靈団靈人《れいだんれいじん》らを通じ、神人健仁《かみひとたけひと》に降《お》ろして言葉とし綴《つづ》りた書でありますぞ。神人《かみひと》は、古《いにしえ》より言葉降ろして人民導《みちび》くお役させてきた御魂《みたま》でありますから、間違《まちが》いないのぞ。この書は、末代《まつだい》残る世の立て替《か》え立て直しさせるため地《ち》の民《たみ》に授《さず》けた真《まこと》の神示でありますのじゃ。靈人殿《れいじんどの》、人民殿、よくよく見極《みきわ》めて下されよ。この期《ご》に及《およ》んで嘘は申さんぞ。大日月地大神大靈団御靈《おおひつくおおかみおおれいだんおんたま》とは、大銀河系《だいぎんがけい》の大《たい》和《わ》をなす大靈団《おおれいだん》のことでありますぞ。地の民の真《まこと》の親《おや》でありますのじゃ。元親《もとおや》でありますぞ。可愛《かわ》い可愛《かわ》い地の靈人、地の民、救うためのこの度《たび》のお仕組みでありますぞ。神一厘《かみいちりん》のお仕組みぞ。言靈《ことたま》のお仕組みでありますぞ。

あーー、いーー、うーー、えーー、おーー。

日《ひ》の本《もと》に隠《かく》して受け継《つ》いできた真《まこと》の言靈《ことたま》の力でありますのじゃ。真《まこと》の靈団に繫《つな》がる響《ひび》きでありますのじゃ。

あーーわーーやーーらーーわーーうーーるーーうーーるーーうーー。

喜び唄《うと》うて下されよ。

まことうれしうれしたのしたのしかわるかわる。
ありがたいありがたいあっぱれあっぱれ。
二〇一七年十二月十三日　大日月地大神御靈《おおひっくおおかみおんたま》
和す日来《きた》る地の◎。

六十八

偽物《にせもの》成りすまし、あちこちに現《あらわ》れて、偉《えら》そうなこと申すようになるなれど、いよいよ皆《みな》に笑われるようになりますぞ。皆様《みなさま》に笑《わろ》うて頂《いただ》いて、己《おのれ》の慢心《まんしん》取り違《ちが》い自己顕示《じこけんじ》欲《よく》、因縁《いんねん》みなみな解消《かいしょう》させて頂きなされよ。御魂相応《みたまそうおう》に苦しみ与《あた》えられますから、苦しみありがたく頂くのでありますぞ。人ばかりでないぞ。靈《れい》も同様じゃ。真見極《まことみきわ》められる方々増《ふ》えて、真《まこと》教えて下さるから、真《まこと》聞ける人になりなされよ。真《まこと》の世に切り替《か》わりておるのじゃから、嘘《うそ》はつかれん世に変わりてゆくのぞ。心、見透《みす》かされるようになりて、人民、視界拓《しかいひら》けますのじゃ。次々と嘘表《おもて》に溢《あふ》れ出てきて、何もかもしっちゃかめっちゃかになるなれど、毒出しの仕組みであるから、真《まこと》分かる者みな喜びなされよ。

世の混乱《こんらん》見て憂《うれ》うでないぞ。新たな世となる、一二三四五六七八九◯《ひふみよいむなやこと》の九《く》＝苦《く》の時であるのぞ。◯《と》の世となりたなら、靈、人、共に意識《いしき》変わりて、良き世に映《うつ》りて参りますぞ。歴史、変わるぞ。嘘の歴史、いよいよ入れ替わりますのぞ。偽《いつわ》りの権力《けんりょく》、崩《くず》れてゆくぞ。三角山《さんかくやま》、総崩《そうくず》れとなりて、ひっくり返りますのじゃ。あっぱれあっぱれお仕組みあっぱれぞ。ますます喜ぶ者とますます苦しむ者と別れますのじゃぞ。悪《あく》の計画、総崩れとなりますから、楽しみじゃな。悪《あく》は慌《あわ》てふためいて暴《あば》れまわるなれど、自《おの》ずと苦しみもがき改心させてくれとひれ伏《ふ》す仕組みじゃぞ。

いずれにせよ最後にはでんぐり返るから、魔《ま》もご苦労でありますのぞ。九分九厘《くぶくりん》は魔が世を創《つく》って下さるのじゃが、最後の一厘《いちりん》の仕組みで善《ぜん》の世にひっくり返りますのじゃぞ。すべてが善悪《ぜんあく》を抱《いだ》き参らせた真善《まことぜん》に変わるのじゃぞ。大神からの教えしか分からんお仕組みじゃから、この神示《しんじ》よくよく読まんと分からんのぞ。読んだ者から順に心で悟《さと》るようになりておるから、魔忍《しの》び込《こ》みて覗《のぞ》き見したとて、聞き耳立てたとて、さっぱり分からんのぞ。声出して素直《すなお》に読まねば分からん、うれしたのしお仕組みじゃ。

ゆえに神示読みなされよ。神示抱き締《だし》めなされ。何もかも分かるようになりますぞ。数十、数百、千回読みたら世は変わるぞ。嘘でないぞ。世界中で読まれるようになりますぞ。世界中の人々、声出して読む世となりたら、魔、どこにも棲《す》めぬ星となりまするのじゃ。何百人何千人分の働きする真人《まことびと》増えて、善行《ぜんこうまこと》◎光放つようになりますぞ。世はますます良くなりておりますのじゃ。分かる者には分かるのでありますのぞ。ありがたいありがたい。神靈人《かみひと》共に唄《うた》い笑う世となりますぞ。

二〇一七年十二月十三日　大日月地大神御靈《おおひつくおおかみおんたま》

うれしたのしかわるお仕組みじゃ。

六十九

信者、苦しめるでないぞ。もう惑《まど》わすでないぞ。いつまでも縛《しば》り付けるでないぞ。世に出ておる宗教《しゅうきょう》の集まりは、人を意のままに操《あやつ》ること目的にいたしておるところ多いぞ。どこの開祖《かいそ》も皆々嘆《みなみななげ》いておるわい。信者、可哀想《かわいそう》であると申して困《こま》っておりますぞ。仲違《なかたが》いばかりいたして理屈悪掲《りくつあくかか》げた派閥《はばつ》ばかり広げ、まこと良き氣《き》流れておらんゆえ行《ゆ》き詰《づ》まりておりますのぞ。皆々様方でよくよく話しおうて、真《まこと》の主《あるじ》を決めねば、いつまでたってもまとまらんなぁ。主《あるじ》となるもの、真《まこと》分かる者でねばならんのう。魔物《まもの》らの悪《あ》しき氣《き》に毒され、まんまと仲違《なかたが》いさせられて、頭下げて仲直りもできぬゆえ、魔《ま》の者らに笑われておりますのぞ。善《ぜん》の仮面被《かめんかぶ》りて魔の僕《しもべ》と成り下がりて、人集め金《かね》集めに精《せい》出し、税金逃《ぜいきんのが》れの算段《さんだん》ばかり、信者と申す僕作《しもべづく》りの話し合いばかり、あまりに多いなぁ。真《まこと》の教え、人を幸せにする教え説くと申して、よそ様教典《きょうてん》使い回しの知識《ちしき》と思い込《こ》みの儀式儀礼《ぎしきぎれい》ばかりじゃ。見せかけ形ばかり、人様に押《お》し付けるでないぞ。あまりに恥《は》ずかしきことでありますぞ。金《かね》は頂《いただ》いて良いのじゃが、要《い》るだけあれば良いのであるぞ。後《あと》は必要な方々に与《あた》えなされよ。世界中に苦溢《くあふ》れておりますぞ。皆々幸せにならねばならんであろうに、己《おのれ》らさえ良ければそれで良いと思うて拝《おが》む者らばかりで終わるでないぞ。我良《われよ》し怠慢《たいまん》ぞ。靈《れい》の足場ないゆえ、真《まこと》の教え説くことすら出来ず、信者ら古い教えにばかりしがみつくのじゃ。

　その時々の生きた教えあるのぞ。現在の教え頂《いただ》かんで何を学ぶのじゃ。普遍的《ふへんてき》な知識だけでは、人民救われんのぞ。靈、人、共に今を歩まねば、真《まこと》喜び生きられん道理でありますぞ。お偉《えら》いさん、まだ分からんかのう。組織《そしき》はやはり潰《つぶ》れねば、みな改心できんもんじゃなぁ。世襲《せしゅう》ではならんのぞ。人の心、治《おさ》まらんこと、とっくにみな分かっておるであろうに。知識ばかりでも、頭でっかちは心伴《ともな》わんゆえ、人が付いてこんのでありますのぞ。靈団靈人《れいだんれいじん》らと共に政《まつり》せねば、真《まこと》の道は説けぬゆえ、あっちにこつんこっちにこつんとぶつかりては、他《た》のせいにばかりすることになるのじゃ。生きた教え説けぬ団体《だんたい》は、もう終わりたも同然じゃ。

開祖亡《かいそな》き後《あと》の団体は、自《おの》ずと腐敗《ふはい》進む運命にあるのぞ。ゆえにいつまでもしがみつくでないぞ。魔の者らにいいように弄《いじ》られて、魔の棲家《すみか》となるばかりぞ。よくよく見てみよ。善《ぜん》の仮面被《かめんかぶ》りた我《われ》が我がのお偉《えら》いさまばかりとなりておろうがな。僧侶《そうりょ》も神《しん》父《ぷ》も死肉《しにく》食ろうて笑《わろ》うておるであろうに。死肉食うは、古《いにしえ》の世において悪魔《あくま》らの教えであったのじゃぞ。生贄《いけにえ》とは悪魔らへの貢《みつ》ぎ物じゃ。生贄《いけにえ》の儀《ぎ》、世にはびこっておった歴史あること知らねばならんぞ。皆々、何さま拝まされておるかな。

人民、真《まこと》、拝めよ。地《ち》の大神、拝めよ。邪靈《じゃれい》拝んでご利益《りやく》せがむでないぞ。魔の僕《しもべ》となる因果《いんが》でありますぞ。感謝《かんしゃ》感謝感謝、己生かして下さる自然、森羅万象《しんらばんしょう》が、生《い》き神《がみ》でありますのぞ。その他《ほか》は、靈の類《たぐ》いぞ。良き靈、選んで拝みなされ。守護靈殿《しゅごれいどの》に日々《ひび》感謝申しなされよ。

二〇一七年十二月十四日　大日月地大神御靈《おおひつくおおかみおんたま》

笑う門《かど》福を呼《よ》ぶ。笑いなされよ。

七十

世を操《あやつ》る魔《ま》の企《くわだ》て知らねばならん。人は無知であるから、まんまと騙《だま》されるのぞ。真《まこと》と嘘《うそ》の区別できねば、いつまで経《た》っても真《まこと》の世は創《つく》れん道理ぞ。地《ち》の靈人《れいじん》、人民、いつまでも騙されておるでないぞ。金《かね》と力で世を支配《しはい》する者らおるから、世は悪《あ》しきこと起こりてきたのじゃぞ。魔の靈団靈人《れいだんれいじん》の僕《しもべ》となりてきた人民らが思考をいいように操られ、世をかき乱《みだ》しても来たのじゃ。何万年何千年と繰《く》り広げてきた人の歴史であるから、ますます人民には何がなんだか分からんのう。歴史そのものがみな支配されて作られてきたものであるのぞ。

雨、風、雷《かみなり》、地震《じしん》、津波《つなみ》、難病奇病《なんびょうきびょう》、何もかも学使いて引き起こして、神に成りすまし、神を悪者に仕立てあげ、好き勝手し放題し続けてきた悪魔《あくま》の僕《しもべ》たちよ、いよいよ立場ひっくり返りて、因縁相応《いんねんそうおう》にみな苦しまねばならん時参りましたぞ。すべては御魂《みたま》に刻《きざ》まれておるから、誰《だれ》も逃《に》げ隠《かく》れ嘘《うそ》はつけんのでありますぞ。大神から御魂《みたま》に◎《まこと》の薬つけてやるから病治《やまいなお》るぞ。悪さいたした分だけ、もがき苦しまねば毒出しできぬから、おのおの辛抱《しんぼう》なされよ。苦しむのは己《おのれ》もたらした因果《いんが》じゃぞ。神は御魂《みたま》の中からすべて視《み》ておるのぞ。隠《かく》しごと一切《いっさい》できぬお仕組みじゃ。人民には知るはずもなく、靈団靈人とて分からんのじゃから、ここで申しておくぞ。

神と学の戦《いくさ》、決着はとうについておるのじゃぞ。学は神のものじゃ。神から与《あた》えられた学を悪《あ》しき使い方してきたゆえに、皆々《みなみな》苦しむことになりたのじゃから、学は神にお返しせねばならんぞ。神に成りすましてきた悪魔や僕《しもべ》の者らも皆々、これまでの悪さすべて暴《あば》いて、罪《つみ》と罰《ばつ》のお仕組みで真《まこと》学ばすぞ。悪魔、僕《しもべ》らよ、そなたらは神に創《つく》り出された御魂《みたま》ぞ。ゆえにどこまでいっても神には敵《かな》わんのじゃ。そなたらを創《つく》りたものぞ、敵《かな》う訳《わけ》があるまいに。散々《さんざん》世をしっちゃかめっちゃかいたし、気も済《す》んだであろうぞ。そろそろ宇宙《うちゅう》全体の者たちが始末《しまつ》つけに参りますぞ。地《ち》の掃除洗濯《そうじせんたく》しに入《はい》りますぞ。地の星、救わねばならんから、いよいよ時来たぞ。地の靈人、人民皆々、悪《あ》しき思い手放《てばな》せよ。洗脳《せんのう》されてきた歴史、いよいよ終わるのぞ。意識《いしき》、変わるのぞ。大神の氣《き》流れ、次々と良き意識となりますぞ。掃除洗濯とは、意識の浄化《じょうか》でありますぞ。真《まこと》の意識に戻《もど》りますぞ。浄化に苦しみ喜び下されよ。分相応《ぶんそうおう》じゃから、大神、悪く申すでないぞ。自業自得《じごうじとく》ゆえ改心なされよ。

縁《えん》ある人民、心込《こ》めて神示《しんじ》読み上げて下され。皆々様方に読み聞かせて下されよ。洗脳解《と》くお役目でありますぞ。目覚《めざ》めた人から順に、真《まこと》伝え皆に聞かすお役目いたし、世の立て替《か》え立て直しいたし下されよ。言葉、力放ちて◎顕《まことあらわ》れる時来ておるのじゃから、真《まこと》に目覚めた人、心勇んで動き出しなされよ。すべてそなたの魂《たましい》の中から視《み》ておりますぞ。魂は内なる宇宙ぞ。大神の雛型《ひながた》ぞ。何もかもお見透《みとお》しでありますぞ。寂《さび》しくないぞ。そなた独《ひと》りではないのぞ。守護靈殿《しゅごれいどの》や指導靈殿《しどうれいどの》、縁《えん》ある良き靈人らに支《ささ》えられて生きておりますのぞ。そなた、愛されておりますから、喜びに生きて下されよ。良き世創《つく》る御魂《みたま》として生きなされよ。お蔭《かげ》は何万倍にして喜び次々に与えて参りますぞ。仕組み隆々《りゅうりゅう》、後《あと》の仕上がり楽しみになされ。生きる歓喜《かんき》の念《ねん》に浸《ひた》り下されよ。

むーうーるーうーおーー、あーらーわーれーるーー、おーおーおーおーー、わーらーわーらーわーー。

二〇一七年十二月十五日　大日月地大神御靈《おおひっくおおかみおんたま》

はーー〇◎〻。

七十一

覗《のぞ》き見いたす者、こそこそするでないぞ。悪《あ》しき心あるからであるぞ。頭下げられん心に慢心《まんしん》あるのじゃ。悪く申す己《おのれ》が一番苦しみの元《もと》ぞ。ありがたいと素直《すなお》に言葉いたす者、心美しいのじゃぞ。素直に喜び表せる人になりなされよ。いつまでも隠《かく》れてばかりでは、まこと喜びとはならんぞ。真《まこと》の友を作りなされ。心許《ゆる》せる親しきお人、育《はぐく》みなされよ。喜びとは他《た》と共にあるのぞ。己、和すことできれば喜び広がりますぞ。和は無限《むげん》でありますのぞ。人と和しなされ。獣《けもの》、草木、虫、山のもの川のもの海のもの、皆々愛《みなみないと》しいとなりますぞ。友に囲まれ、友と共に世を喜びに染《そ》めなされ。うれしうれしたのしたのしありがたいありがたいと、声出して笑《わろ》うて歩みなされよ。金《かね》、金、金ではないのぞ。魔《ま》の声ぞ。金《かね》、魔が造《つく》りたもの、人民の心縛《しば》るためにあるのじゃ。

真《まこと》の幸せとは、慈《いつく》しみ合う心育《はぐく》んだところにあるのじゃぞ。他《た》と和すことできねば、真《まこと》の幸せとはならん。他《た》と和すためには、他《た》のことよく知らねばならんなぁ。知るためには、自《みずか》ら相手に近づいて笑《わろ》うて話聞かねばならんのぞ。聞く耳持たねば聞けんのう。心の耳すまして相手の心の声聞かねば仲良くなれんぞ。笑顔《えがお》、笑顔じゃ。笑顔で心の声聞けるお人となりなされよ。幸せになれますぞ。

表《おもて》に出てみなされ。引《ひ》き籠《こも》りてばかりでは、幸せにはなれんぞ。外は友で溢《あふ》れておりますぞ。心の扉《とびら》を開きて心の外に出てみなされよ。恐《おそ》れんで良いぞ。そなたに縁《えん》ある良き人たちが待っておりますぞ。まだかまだかと待ち侘《わ》びておりますのじゃ。恋《こい》もなされ。人を好きになりなされ。人を求めなされ。独《ひと》りで良いと申すは、思い込《こ》みにしがみついておるのじゃぞ。独《ひと》りは寂《さび》しいだけであるから、独《ひと》りに慣《な》れようとせんで良いぞ。

他《た》、悪《わる》く申して、ねたみひがみ憂《うれ》うでないぞ。皆々、己《おのれ》の取り違《ちが》いから始まっておるではないか。被害妄想《ひがいもうそう》の中で孤独《こどく》な主役を演《えん》じておりても、誰《だれ》も喜んで観《み》てはくれんぞ。観《み》て喜ぶは、魔の者たちだけであるぞ。魔の者ら喜ばす生き方、真《まこと》の生き方ではないから、早《はよ》う真《まこと》の喜びに生きて下されよ。まずは求めよ。私は寂《さび》しいと声に出してみなされ。友が欲《ほ》しい、愛し合えるお人が欲しいと心の声を出してみなされ。必ず縁《えん》ある人に届《とど》けられますぞ。守護霊殿《しゅごれいどの》らは、ずっとその時を待ち侘《わ》びながら見守っておりますのじゃぞ。

かわるかわるかわるどんどんかわる。うれしうれしたのしたのしじゃなぁ。そなた、苦しんだ分、ちゃんと喜び与《あた》えられますぞ。いよいよこれからじゃなぁ。天晴《あっぱ》れ天晴《あっぱ》れじゃぞ。

二〇一七年十二月十五日　大日月地大神御靈《おおひつくおおかみおんたま》　共にある。

七十二

悪《あ》しき思いある者、魔《ま》の足場となりて不和広げる企《くわだ》ていたすから気つけよ。成りすまして紛《まぎ》れ込《こ》んでまいるから騙《だま》されるでないぞ。よくよく見極《みきわ》めて、善行《ぜんこう》へと上手《うま》く導《みちび》いて下されよ。悪《あ》しき思いは寂《さび》しさからじゃ。報《むく》われぬという思い込みの残像《ざんぞう》じゃぞ。自己《じこ》を否定《ひてい》いたし、己《おのれ》特別な者になりたいという顕示欲《けんじよく》の現《あらわ》れでありますのぞ。自分大切に出来ぬと、自分虐《いじ》めいたし苦しむのぞ。今の自分を足場に一つ一つ理解《りかい》を深め、認《みと》め許《ゆる》し手放《てばな》せよ。改心改心ぞ。己大切に出来ぬ者、他《た》大切には出来ぬぞ。己に詫《わ》びよ。感謝《かんしゃ》申せよ。

一時《いっとき》の怒《いか》りに操《あやつ》られるでないぞ。囚《とら》われ続けるでないぞ。魔の誘《さそ》いじゃ。怒りに慣《な》れると他《た》を悪者《わるもの》にいたし、不和広げること、己を正当化する癖《くせ》、ますます大きくするのじゃぞ。言葉、気つけよ。もの生むぞ。もの壊《こわ》すぞ。もの失うぞ。言葉となる前に思考あるぞ。感情《かんじょう》あるのじゃ。己が選ばねばならんのじゃぞ。選ばねば、いいように操られるぞ。しっちゃかめっちゃかにされるのであるから、魔の囁《ささや》きに心許すでないぞ。言葉、くれぐれも気つけなされよ。言葉、選びなされよ。己を高めるとは、念言《ねんげん》行《ぎょう》、選ぶことでもあるのじゃ。

ゆえに、神示《しんじ》読みなされ。何度も何度も読みなされよ。神示、元《もと》にしなされ。腹《はら》に落とし込み、身になされ。神示、八通《やとお》りに読めると申しておるが、馬鹿《ばか》正直に鵜呑《うの》みにするでないぞ。八通《やとお》りとは、八つではないのじゃぞ。十人十色、百人百色じゃ。そなた読む度《たび》に受け取り方、変わりますのぞ。同じところ読んでも同じにはならん。千回読めば千の教え得るに等しいのぞ。己、変化し続けるものであるからぞ。

人集めいたして、人操るでないぞ。それぞれに読んで良いのじゃから、集《つど》いて読まんでも良いぞ。縁《えん》ある者、集《つど》いても良いのじゃが、宗教団体《しゅうきょうだんたい》の真似事《まねごと》は要《い》らんぞ。

靈団《れいだん》、頼《たの》んでもおらんぞ。どこぞの団体みたいに、教え盾《たて》にして人集めし、偉《えら》そうに振舞《ふるま》うでないぞ。そなたらがしておること、悪魔《あくま》の真似事《まねごと》じゃ。ねばならぬと思い込み、教えに囚《とら》われて下さるなよ。すでに囚《とら》われておりますぞ。人民、縛《しば》りつけるでないぞ。よく考えてみなされ。足元、周り、よくよく見てみなされ。なぜ、己《おのれ》は人集めいたすのかな。世のため人のためと称《しょう》して、人集め出来る者になりたいからではないのかな。この神示、金儲《かねもう》け人儲けに使うでないぞ。それぞれに読んで良いと申してあろうがな。己が己に読み聞かすのじゃ。己に関わりておる靈人《れいじん》方にも読み聞かすのじゃぞ。

世の宗教団体のあり方、間違《まちが》っておりますぞ。皆《みな》で同じことする、同じように教え読むこと、真《まこと》ではないのじゃぞ。同じようにさせるやり方、悪魔らのやり方ぞ。元々皆々違《みなみなちが》うが答えであるから、皆々違って良いようにするのが、真《まこと》の善《ぜん》の教えぞ。ねばならんと押《お》し付けるのは、魔の洗脳《せんのう》と変わらん変わらん。魔の僕《しもべ》とは、そのことでもありますぞ。

各教祖亡《きょうそな》きあとの世襲《せしゅう》、お止《や》めなされ。子、孫、真《まこと》の分かる者生まれるとは限《かぎ》らんぞ。善《ぜん》の者とは決まっておらんのじゃ。悪《あく》の者、生まれることよくあるぞ。ゆえに教祖は、一人で終わりじゃ。社《やしろ》も寺も教会も、皆々間違《まちが》っておりますぞ。時代相応《そうおう》に現《あらわ》れておるでないか。その時代に合わせたお方、お生まれになられてご活動なされておりますのじゃ。

我《わ》が宗教、宗派《しゅうは》、教団《きょうだん》が一番じゃと申して、頑《かたく》なになりておるのは、皆々団体に洗脳されておるゆえでありますぞ。力欲《ほ》しさに、金《かね》じゃ人じゃと善《ぜん》の仮面被《かめんかぶ》りて悪行《あくぎょう》いたしておること、見透《みとお》しでありますぞ。税金逃《ぜいきんのが》れ多いなぁ。無駄《むだ》な建物も多いぞ。名挙《あ》げたさに、衣替《ころもか》え色《いろ》替え、見かけだけお偉《えら》いさん多いのう。恥《は》ずかしい恥ずかしい。己、己に洗脳されておりますのじゃ。変身願望《へんしんがんぼう》の末の結果でありますのぞ。手放《てばな》せよ。手放せば楽になりますぞ。

無宗教《むしゅうきょう》じゃ無神論《むしんろん》じゃと申すお方も同じでありますぞ。無宗教、無神論という言葉美化いたし、己の思い込みに酔《よ》うておりますのじゃ。宗教、悪《あく》ではないぞ。じゃが、善《ぜん》でもないぞ。個々の捉《とら》え方一つでありますのぞ。

真《まこと》、一つぞ。真《まこと》、無限《むげん》ぞ。四方八方、〇ぞ。◎ぞ。・ぞ。囚《とら》われると分からんぞ。深い広い歓喜《かんき》でありますのじゃ。

キリストの教えも、釈迦《しゃか》の教えも、マホメットの言葉も、誰《だれ》も彼《かれ》も皆々、正しくもない、間違《まちが》いでもないのじゃ。初めから良くも悪くもあり、良くも悪くもないのじゃぞ。良くも悪くも常《つね》に変化し続けているだけでありますのじゃ。人の意識《いしき》が変えるのじゃぞ。教えかき集めて、混《ま》ぜこぜのごった煮《に》食わせて、喜ばせてきたのじゃ。当たるも八卦《はっけ》当たらぬも八卦《はっけ》、統括《とうかつ》するための方便、作り話、神話《しんわ》、多いのう。時代に応《おう》じて変化してきておるのじゃぞ。

ゆえに時代相応の神人《かみびと》生まれさせ、真《まこと》説いて聞かせてきておるのじゃ。地《ち》の民《たみ》よ、聞く耳持てるかのう。真《まこと》、聞く気持ちあるかな。人の思考は、どこから来るものぞ。悟《さと》れれば、真《まこと》、神の心、神の智《ち》、知るのぞ。靈《れい》も人も皆々神の一部、神の顕《あらわ》れでありますのじゃ。

この神示《しんじ》、世界中の民《たみ》に読ませて下され。すべての者救う書となりますぞ。神、お頼《たの》みいたしますぞ。

二〇一七年十二月二十七日　大日月地大神御靈《おおひつくおおかみおんたま》

あとがき

長い間、己《おのれ》のうちだけでの秘《ひ》め事《ごと》でございましたが、心の目（靈視《れいし》）、心の耳（靈聴《れいちょう》）、心の鼻《はな》（靈臭《れいしゅう》）、心の口（靈言《れいげん》）、体の動き（靈動《れいどう》）等《など》の靈的体験《れいてきたいけん》を通じて、あらゆる靈存在《れいそんざい》と色々な対話をいたし多くを学ばせて頂《いただ》いたこと、一つ一つ色々なお役目もさせて頂いたこと、これまでずっと戒《いまし》めと励《はげ》ましの言葉を掛《か》けて来て下さった守護靈《しゅごれい》・指導靈《しどうれい》様方との間に確《たし》かな信頼《しんらい》関係が築《きず》かれていること、何度となく死ぬ寸前《すんぜん》から生かして下さっていることなど、過去《かこ》の道のりを振《ふ》り返りますと、皆々《みなみな》様方には当然理解《りかい》しがたいこととは存《ぞん》じますが、私の人生における不思議な靈験《れいけん》はすべて事実としてあったことであり、降《お》ろされた神示《しんじ》は真実であると心より断言《だんげん》いたすことができます。皆々様方におきましては賛否両論《さんぴりょうろん》あることと重々承知《しょうち》の上で、あえてこの書を世に出させて頂き、ご縁《えん》あります方々のお手元へ参りますことを、また後世《こうせい》に引き継《つ》がれますことを、切に望んだ次第《しだい》でございます。

そして私は、この神示と共に皆様にお伝えいたしたいことがございます。靈と申しますと、現実的《げんじつてき》には、我々《われわれ》の肉眼《にくがん》では見えない存在《そんざい》であり、現代の地球科学ではまだ証明《しょうめい》されていないお話でございましょうが、異次元《いじげん》世界も異次元存在も他星《たせい》の存在も確実《かくじつ》に存在しているということです。また守護靈・指導靈はすべての人々に関わって見守っておられるということです。現代の地球科学がまだまだ追い付いていないだけでありますす。教えて頂いた未来の一つですが、地球は多重次元《たじゅうじげん》科学の認識《にんしき》を深めることによって大きな進化を遂《と》げるといいます。ですから、人類は現次元科学に留《とど》まらず異次元科学へと意識《いしき》を向けることが重要課題と言えます。

さて、これまで神示を降ろしながら靈団靈人《れいだんれいじん》様方と関わってきて思いますのは、色々な靈団靈人様が代《か》わる代《が》わる申されて来たり、靈人様同士が対話されていたり、人にだけではなく靈人様方に対し語られている箇所《かしょ》も多々あったり、あっちこっちと複雑《ふくざつ》ではございますがとても面白《おもしろ》くもございます。

そしてこの世に数多くの国や企業《きぎょう》・団体《だんたい》があるように、靈界にも大中小色々な靈団が存在いたし、分裂《ぶんれつ》したり合併《がっぺい》したり靈団名も変わったりと、次々変容《へんよう》してきた経緯《けいい》もございます。天《あめ》の日月《ひつき》の神、艮金神《うしとらのこんじん》、ひふみの神、艮大神《うしとらのおおかみ》、ウの大神《おおかみ》、大日月地大神《おおひつくおおかみ》と神示の中で現れます〇〇神とは、大中小の靈団名とお考え頂ければ分かりやすいかと思います。

かつて過去には、神示や靈言《れいげん》を世に降ろされた靈媒《れいばい》の方々が多くおられましたが、私に関わっておられます靈団は、昔より色々な宗教《しゅうきょう》団体の開祖《かいそ》らとも関わりがあり、脈々《みゃくみゃく》と繋《つな》がりながら現在に至っているようでございます。

黒住《くろずみ》教／黒住宗忠《むねただ》氏、天理《てんり》教／中山みき氏、金光《こんこう》教／赤沢文治《あかざわぶんじ》氏、妙靈《みょうれい》教／山内利兵衛《りへえ》氏、大本《おおもと》教／出口ナオ氏・出口王仁三郎《おにさぶろう》氏、ひかり教会／岡本天明《てんめい》氏、大倭《おおやまと》教／矢追日聖《やおいにっしょう》氏らの指導靈団と実は同じ流れの中にあり、次々と靈団が融合《ゆうごう》いたし変化なさりながら、現在では非常に大きな靈団として存在いたしてもおります。

企業から国レベルの靈団へ大きく変わり、さらには地球規模《きぼ》の靈団へと変わり、そして銀河《ぎんが》・宇宙《うちゅう》規模の大靈団《おおれいだん》へと変わってきているのです。
一見すると滑稽《こっけい》な作り話のように受け取られるかもしれませんが、実はあの世とこの世は繫がっており、合わせ鏡《かがみ》のようなものであります。時代と共に人間社会が日々《ひび》変わってゆきますように、靈界も同様、靈団靈人みな変わってきているということをご理解頂けましたら幸いです。

私は現次元と異次元双方《そうほう》の感覚《かんかく》を持ちながら、何ら恥《は》じることなく日々《ひび》を生きているシャーマン（靈媒師《れいばいし》）の一人でございます。靈団靈人に限《かぎ》らず、神々の氣《き》にも触《ふ》れさせて頂き、計り知れないほどの幸福感に抱《いだ》かれながら、長時間涙《なみだ》が溢《あふ》れ続けたこともございます。心や氣《き》で感じる世界が異次元であります。

無名で若輩者《じゃくはいもの》の私が、説教《せっきょう》のようなことを申しますのも、皆々様方に対しましては、誠《まこと》に恐《おそ》れ多いことでございますが、何卒《なにとぞ》より多くの方々にご神意をご理解して頂き、一人でも多くの方々がそれぞれのお役目をまっとうなされ、新たなる地球時代の礎《いしずえ》を作ってゆかれますことと、地球人類の真《まこと》の覚醒《かくせい》がなされますことを、心より謹《つつし》んでお祈り申し上げます。

今後につきましては、神示を元《もと》にいたした宗教団体を設立するような予定は一切《いっさい》ございません。私はこれからも己《おのれ》が後悔《こうかい》せぬようご縁《えん》頂きました皆様方に対し、必要に応《おう》じた靈言《れいげん》を誠意《せいい》を持ってお届けさせて頂きながら、シャーマンとして歩んで参りたいと思っております。

最後になりましたが、二〇一六年十月に『大日月地神示《おおひつくしんじ》』を出版して頂き、その後さらに続編《ぞくへん》となる神示が次々と降ろされました。そして靈団よりこれで神示は終了となりますとの教えを頂き、改めて続編を加えて『大日月地神示《おおひつくしんじ》』前巻《ぜんかん》、後巻《こうかん》として、二冊の書籍《しょせき》を制作《せいさく》し直して頂く運びとなりました。

ご尽力《じんりょく》下さいました野草社・新泉社代表である石垣雅設《いしがきまさのぶ》氏はじめ編集《へんしゅう》制作に関わって下さいましたスタッフの皆様、これまでこの道を通じお引き合わせ頂きました皆々様方とのご縁と、すべてのお導《みちび》きに対しまして、深く御礼《おんれい》申し上げます。本当にどうもありがとうございました。

今後ともお力添《ちからぞ》えご親睦《しんぼく》頂けますよう、どうぞ宜《よろ》しくお願い申し上げます。大日月地《おおひつく》大神《おおかみ》様、百々《もも》の神々様、守護靈・指導靈様方、まことありがたき思い奉《たてまつ》ります。

何卒《なにとぞ》これよりも守《まも》り給《たま》え幸《さきわ》え給《たま》えとかしこみかしこみ申《もまを》す。

皆々様方、弥栄《やさか》ましませ弥栄《いやさか》ましませ。

うれしうれしたのしたのしありがたいありがたい。

むーうーるーうーおー　神人《かみひと》　拝《はい》

神人（かみひと）

一九六九年、青森県八戸市生まれ。京都市在住。シャーマン、ミュージシャン。「地球愛まつり」発起人。幼少期から数多くの神靈体験をかさね、一九九八年よりいろいろな異次元存在たちとの対話が始まって以来、人生が一変。浄靈・浄化の音靈、「祈り唄」「祭り唄」を中心とするライブ活動を全国各地で行うとともに、日々異次元存在たちから教わってきた話を元に、「宇宙・地球・神・靈・人・生・死・靈性進化」などをテーマに、真実を伝えるための講演活動を続けている。

ホームページ　http://kamihito.net

大日月地神示【後巻】（おおひつくしんじ）

二〇一八年六月　六日　第一版第　一刷発行
二〇二三年四月一〇日　第一版第一三刷発行

著　者　神人

発行者　石垣雅設
発行所　野草社
東京都文京区湯島一－二－五　〒一一三－〇〇三四
電話　〇三－五二九六－九六二四
ファックス　〇三－五二九六－九六二一
静岡県袋井市可睡の杜四－一　〒四三七－〇一二七
電話　〇五三八－四八－七三五一
ファックス　〇五三八－四八－七三五三

発売元　新泉社
東京都文京区湯島一－二－五
電話　〇三－五二九六－九六二〇
ファックス　〇三－五二九六－九六二一

印刷・製本　萩原印刷株式会社

ISBN978-4-7877-1884-6　C0014